中等职业教育工业分析与检验专业系列教材编委会

主　任　周　健
副主任　姜淑敏　边风根　郎红旗
委　员　（按姓名汉语拼音排序）
　　　　边风根　陈艾霞　陈建军　陈兴利　冯淑琴
　　　　侯　波　胡　斌　黄　虹　姜淑敏　姜玉芬
　　　　郎红旗　李会诚　李秀芹　马彦峰　任素勤
　　　　邵国成　盛晓东　师玉荣　熊秀芳　杨永红
　　　　周　健

"十二五"职业教育国家规划教材

经全国职业教育教材审定委员会审定

》 中等职业教育工业分析与检验专业系列教材

实验室安全技术

邵国成　张春艳　主编

杨永红　主审

化学工业出版社

·北京·

本书介绍实验室安全技术的基础知识和基本技能，旨在提升学生的职业素养，改善学生的学习方式，促进学生学会学习，尊重生命、重视安全。主要介绍实验室化学品安全基础知识，化学危险物质的危险特性及应急处理措施，实验室安全防护方法；实验室的常见实验事故、案例、事故原因分析；燃烧与爆炸分析；电气安全防护；仪器装置使用安全操作规范；防火防爆技术；实验室废弃物的处理和实验室安全管理等内容。以实验室安全技术操作中的典型工作任务为载体，实行"教、学、做"理实一体的项目化教学形式，按照教学和认识规律，在教学内容组织上遵循螺旋式递进训练。为便于学生巩固和检验所学知识和技能，每个任务后均安排了评价表和思考题。

本书内容简明实用，配以大量的插图，符合中等职业教育的教学要求，适合作为中等职业学校工业分析与检验、化学、化工、医药、环保及相关专业的实验室安全教育教材。

图书在版编目（CIP）数据

实验室安全技术/邵国成，张春艳主编 . —北京：化学工业出版社，2015.12（2024.9重印）

"十二五"职业教育国家规划教材

ISBN 978-7-122-25574-7

Ⅰ.①实… Ⅱ.①邵…②张… Ⅲ.①实验室-安全技术-中等专业学校-教材 Ⅳ.①G482

中国版本图书馆 CIP 数据核字（2015）第 259540 号

责任编辑：张双进　窦　臻　　　　　　文字编辑：林　嫒
责任校对：宋　玮　　　　　　　　　　　装帧设计：王晓宇

出版发行：化学工业出版社（北京市东城区青年湖南街 13 号　邮政编码 100011）
印　　装：大厂聚鑫印刷有限责任公司
787mm×1092mm　1/16　印张 9½　字数 222 千字　2024 年 9 月北京第 1 版第 10 次印刷

购书咨询：010-64518888　　　　　　　售后服务：010-64518899
网　　址：http://www.cip.com.cn
凡购买本书，如有缺损质量问题，本社销售中心负责调换。

定　　价：22.00 元　　　　　　　　　　　　　　　　　　版权所有　违者必究

前言 FOREWORD

为了适应化工专业建设发展需求，全国石油和化工职业教育中职工业分析与检验专业教学指导委员会制订了中等职业学校工业分析与检验专业教学标准，设置"实验室安全技术"作为专业核心课程，并于 2014 年 5 月制订了该课程标准，组织了教材编写工作。

根据"实验室安全技术"的课程标准要求，本书设有绪论和六个项目，内容包括认识实验室安全的重要性（绪论）、实验室个人安全防护、实验室安全防护、实验室火灾防护、实验室爆炸危险防护、实验室废弃物处理、实验室安全管理等。分别阐述了实验室化学品安全基础知识，化学危险物质的危险特性及应急处理措施，实验室安全防护方法；实验室的常见实验事故、案例、事故原因分析；燃烧与爆炸分析；电气安全防护；仪器装置使用安全操作规范；防火防爆技术；实验室废弃物的处理和实验室安全管理等内容。以实验室安全技术操作中的典型工作任务（如实验室个人安全防护中，认识实验室安全标识、识别实验室中的危险源、逃生演练）为载体，实行"教、学、做"理实一体的项目化教学形式，按照教学和学生的认知规律，在教学内容组织上遵循螺旋式递进训练。如先对实验室火灾类型进行分析→产生原因→不同火灾类型采取不同防护措施，了解实验室最常用的灭火器材使用技术→使用简易灭火工具→操作灭火器扑救→先易后难，先简单后复杂，先基本后综合，循序渐进，使学生在学习和实训中，掌握相关实验室安全技术的操作技能。

根据内容需要，本书配有较多的插图，使教材图文并茂、通俗、直观、易懂。学生不仅能掌握实验室安全技术的基础知识和基本技能，更重要的是能提升学生的生命安全意识和职业素养，改善学生的学习方式，促进学生学会学习，尊重生命、重视安全。

本书由绍兴市中等专业学校邵国成和本溪市化学工业学校张春艳担任主编，新疆化学工业学校杨永红担任主审，邵国成编写项目一，绍兴市中等专业学校许丽君编写绪论、项目三和项目五，张春艳编写项目二和项目六，吉林化工学校王箭编写项目四，邵国成负责统稿并选编附录。

由于编者水平有限，本书难免有不妥之处，敬请读者批评指正。

编　者
2015 年 9 月

目录 CONTENTS

绪论 — Page 001
- 一、实验室安全事故案例分析 — 001
- 二、实验室事故频发的原因 — 002
- 三、本课程的学习内容 — 004

项目一 实验室个人安全防护 — Page 005
- 项目导入 — 005
- 学习目标 — 005
- 工作任务 — 006
- 任务活动过程 — 006
- 任务一　认识实验室安全标识 — 006
  - 一、安全标识 — 006
  - 二、实验室安全守则 — 010
- 评价表 — 013
- 知识链接 — 013
- 任务总结 — 015
- 思考题 — 015
- 任务二　识别实验室中的危险源 — 015
  - 一、实验室电气线路及用电器具危险源 — 016
  - 二、实验室机械设备危险源 — 018
  - 三、实验室危化物品危险源 — 019
  - 四、其他危险源 — 024
  - 五、实验室安全基本措施 — 025
- 评价表 — 027
- 知识链接 — 028
- 任务总结 — 031
- 思考题 — 032
- 任务三　逃生演练 — 032
  - 一、演练单位 — 033
  - 二、演练人员 — 033
  - 三、演练形式、时间及地点 — 033

四、基本情况说明	033
五、演练科目	033
六、突发事件的级别	033
七、演练原则	033
八、组织机构及职责	033
九、各应急处置小组的行动任务	035
十、注意事项	035
评价表	035
知识链接	036
任务总结	039
思考题	039

2 项目二 实验室安全防护   Page 040

项目导入	040
学习目标	041
工作任务	041
任务活动过程	041
任务一　化学品灼伤及防护	041
一、化学品灼伤的分类	042
二、化学品灼伤的预防	042
三、化学品灼伤的急救	043
评价表	044
知识链接	044
任务总结	045
思考题	045
任务二　实验室常见中毒的急救	045
一、防毒面具的使用方法	046
二、防毒防护措施	047
三、实验室急性中毒事故及救护方法	048
评价表	048
知识链接	049
任务总结	049
思考题	049
任务三　电气安全防护	049
一、实验室安全用电常识	050
二、实验室中常见电气故障的排查	051
三、触电急救方法	051

评价表	052
知识链接	052
任务总结	053
思考题	053

3 项目三
实验室火灾防护　　　Page 054

项目导入	054
学习目标	055
工作任务	055
任务活动过程	055
任务一　实验室火灾类型分析	055
一、实验室火灾类型	056
二、实验室火灾产生原因	057
评价表	058
知识链接	058
任务总结	060
思考题	060
任务二　实验室火灾防护措施	060
一、电气火灾防护	061
二、化学试剂火灾防护	061
三、违规操作火灾防护	062
评价表	062
知识链接	062
任务总结	064
思考题	064
任务三　操作灭火器扑救初起火灾	064
一、常用灭火器的结构	065
二、灭火器的使用方法	065
三、对准着火点实施灭火器灭火演练	066
评价表	067
知识链接	067
任务总结	068
思考题	068

4 项目四
实验室爆炸危险防护　　　Page 069

项目导入	069

学习目标	070
工作任务	070
任务活动过程	070
任务一　实验室爆炸类型分析	070
一、静电引起的爆炸	071
二、实验室因易燃易爆物质引起的爆炸	074
三、电器方面的原因引起的爆炸	075
评价表	075
知识链接	076
任务总结	076
思考题	076
任务二　实验室防爆措施	077
一、静电危害的防爆措施	077
二、对实验室易燃易爆物质应采取的防爆措施	080
三、实验室常用电器的安全防爆措施	080
评价表	084
知识链接	084
任务总结	086
思考题	086

5 项目五 实验室废弃物处理

	Page
	087
项目导入	087
学习目标	087
工作任务	087
任务活动过程	088
任务一　无机废弃物的处理	088
一、实验室废气的处理	088
二、实验室废液处理	089
三、实验室固体废物处理	091
评价表	092
知识链接	092
任务总结	093
思考题	093
任务二　有机废弃物的处理	093
一、实验室有机废气的处理	094
二、有机类实验废液的处理	094
三、实验室有机废液分类处理方法	095

评价表	096
知识链接	096
任务总结	098
思考题	098

6 项目六 实验室安全管理 ... 099

项目导入	099
学习目标	099
工作任务	099
任务活动过程	100
任务一 管理实验室危险化学品	100
一、实验室危险化学品的分类	100
二、实验室危险化学品的贮存	101
三、实验室危险化学品管理制度	102
评价表	104
知识链接	105
任务总结	109
思考题	109
任务二 管理实验室仪器设备	109
一、实验室仪器设备维护保养	110
二、实验室仪器设备管理制度	111
评价表	112
知识链接	113
任务总结	113
思考题	113
任务三 管理实验室档案	114
一、实验室档案管理的重要性	114
二、实验室药品试剂账册管理	115
三、实验室仪器设备技术档案管理	115
四、实验室原始记录及数据档案管理	116
评价表	117
知识链接	117
任务总结	118
思考题	118

附录 ... 119

附录一	危险货物分类和品名编号（GB 6944—2012）	119
附录二	国家危险废物名录	124
附录三	危险货物品名表（GB 12268—2012）	132
附录四	危险化学品重大危险源辨识（GB 18218—2014）	134

参考文献 .... Page 139

绪　论

在化学实验室中，安全是非常重要的，它常常潜藏着诸如发生爆炸、着火、中毒、灼伤、割伤、触电、污染环境等事故的危险性，如何防止这些事故的发生，保证人员安全、设备完好、不污染环境，以及万一发生事故又如何急救，是每一个化学实验人员必须具备的素质。使得进入化学实验室人员，人人具有安全意识，人人具备安全知识是本课程的学习目的。

一、实验室安全事故案例分析

实验室安全事故每年都发生，对典型实验室安全事故的类型、发生原因、危险物质类别等进行统计分析，结果表明：火灾和爆炸是实验室事故的主要类型，实验室中的危险化学品、仪器设备和压力容器是引发实验室安全事故的主要危险因素，仪器设备、试剂使用环节是事故发生的主要环节，违反操作规程或操作不当、疏忽大意以及电线短路、老化是导致事故发生的重要原因。下面是化学实验室中几起典型的实验室安全事故案例。

案例一：一起典型的不安全行为引发的实验室安全责任事故

某职业学校化工专业学生在容量分析实验室做酸碱中和滴定实验时，指导老师在分析天平室指导学生进行基准物称量，几个男生进入实验准备间嬉戏打闹，不小心撞翻了试剂柜，倒翻的试剂柜又压倒了堆放在准备间中的电子分析天平，天平玻璃罩被打碎，试剂柜中的浓盐酸洒落地面。顿时实验室里酸雾腾腾，大理石地面还"嗤嗤"冒着泡……闻讯赶来的指导老师吓出一身冷汗！

分析：该事故中实验指导教师没有全面掌控实训课堂，学生不能脱离教师视线；实验准备间不能让学生擅自进入。虽然进入实验室前，指导老师已对进入化学实验室实训学生进行安全教育，不准打闹、说笑，不准擅自进入与实验无关的其他实验室，不准擅自动用与实验无关的化学试剂等等，但还是有学生安全意识淡薄无视实验课堂纪律与要求，不顾实验室安全管理规定，依然按照自己的想法和思维行事，往往导致了事故的发生。

案例二：一起典型的误操作事故

2007年8月9日，某校实验室李某在准备处理一瓶四氢呋喃时，没有仔细核对，误将一瓶硝基甲烷当作四氢呋喃加入氢氧化钠中。约过了1min，试剂瓶中冒出了白烟。李某立即将通风橱玻璃门拉下，此时瓶口的烟变成黑色泡沫状液体。李某叫来同实验室的一名老师请教解决方法，即发生了爆炸，玻璃碎片将二人的手臂割伤。

分析：该事故是由于当事人在加料时粗心大意，没有仔细核对所要使用的化学试剂而造成的。实验台药品杂乱无序、药品过多也是造成本次事故的主要原因。

事故告诫人们，在实验操作过程中的每一个步骤都必须仔细、认真，不能有半点马虎；实验前穿戴好防护服、护目镜、防护手套等，使用化学药品前应仔细阅读瓶上的危险性警告标签，实验台、工作台要保持整洁，不用的试剂瓶要摆放到试剂架上，避免试剂打翻或误用造成事故。

案例三：一起不正确使用仪器设备而导致的安全事故

某学生在进行样品前处理高速离心操作时，忘了把离心机的内盖盖上，就开始离心了，当时设定的转速 10000r/min，不一会，就听到离心机发出隆隆的响声，整个实验室都能感到震动。放入的离心试管在高速下，飞出了离心机内的转子，幸好有个外盖，离心试管没飞出来，盖子内壁严重磨损，离心机也烧坏了。

分析：该事故中学生若能在盖好外盖前检查内盖是否盖好，开启离心机前再次检查、核对操作步骤，事故就不会发生。对于仪器设备的使用，平时应注意仪器设备的维护、保养，操作前安全检查设备有无保护装置、设备及线路是否年久失修而老化，导线与导线、导线与电器设备的连接是否牢固，仔细阅读操作使用说明与操作规程，严格按操作规程操作，避免安全事故发生。

二、实验室事故频发的原因

从图 0-0-1 实验室化学事故原因统计中可以看出❶，实验室安全事故主要发生在化学试剂的使用和储存、废弃物处理和实验仪器设备使用等这些环节，如操作不当、违反操作规程、误操作，设备老化、故障或缺陷，线路老化或短路，实验室安全设施不健全等。

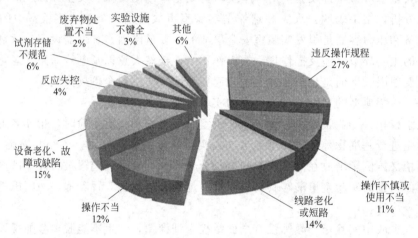

图 0-0-1 实验室化学事故原因统计

1. 安全意识淡薄，安全制度不落实

据调查，绝大部分实验室都制定了实验室安全管理规定（图 0-0-2）。但是，很多规定流于形式，缺少有效的监督管理体制，在安全制度落实方面大打折扣，很多实验人员在进入实验室前没有受到过正规的安全教育，没有意识到实验室安全的重要性，认为化学事故是很遥远的事情，忽视实验室安全管理规定，按照自己的想法和思维行事，往往导致了事故的发生。

2. 违反操作规程

任何一个实验都有自己的程序和步骤，任何一台仪器都有其操作规程，例如，图 0-0-3 为电子分析天平操作规程。实验人员不按实验操作程序和步骤，不按仪器操作规程操作，在没有弄清楚实验原理的情况下，就开始进行实验操作，在操作过程中稍有不慎，往往就可能导致化学事故的发生。即使是最简单的操作，如果不按规范操作也有可能引起事故。例如，向酒精灯中添加酒精未熄灭酒精灯，就会引起着火；高压氢气瓶使用后忘记关掉阀门，导致

---

❶ 李志红，2001—2013 年《100 起实验室安全事故统计分析及对策研究》。

图 0-0-2　化学实验室系列规章制度

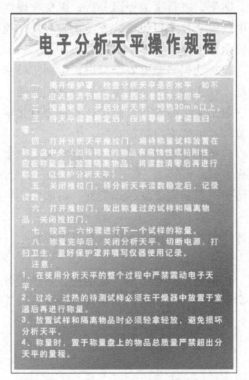

图 0-0-3　电子分析天平操作规程

氢气长时间泄漏遇明火或热源就会引起爆炸等。

3. 违规储存、使用和处置化学品

很多化学实验室存在的共性问题是试剂登记管理不严，存放杂乱，使用混乱，"三废"处理不当导致环境污染事故发生。例如，图 0-0-4 实验室中，实验台上违规存放大量化学药品、试剂，存在安全隐患。部分人员在实验室使用易燃易爆化学品完毕后，违规将残渣残液倒入垃圾桶中，遇到明火就容易发生事故，把剧毒化学品残渣残液倒入下水道中容易造成污染等。

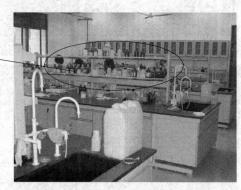

图 0-0-4　化学药品试剂未规范储存、使用、处置实验室

三、本课程的学习内容

根据课程学习目标及社会发展对实验室安全的要求，本课程的学习内容主要包括实验室化学品安全基础知识，化学危险物质的危险特性及应急处理措施，实验室安全防护方法。了解实验室的常见实验事故、案例，进行事故原因分析；燃烧与爆炸分析；典型化学工艺过程危险性分析及安全控制；电气安全技术；仪器装置使用安全操作规范；防火防爆技术；实验室废弃物的处理和实验室安全管理等。具体学习内容如下：

（1）**实验室个人防护**　包括认识实验室安全标识，识别实验室中的危险源，会对实验室危险源采取必要的安全措施，在实验室危险环境下安全逃生技能。

（2）**实验室安全防护**　包括化学品灼伤及防护技术，会对化学品灼伤进行现场急救，对实验室常见中毒进行现场急救，电气安全防护技术。

（3）**实验室火灾防护**　包括实验室火灾类型、实验室火灾产生原因，实验室火灾防护措施，操作灭火器扑救初起火灾。

（4）**实验室爆炸危险防护**　包括实验室爆炸类型，引起实验室爆炸的原因，实验室防爆措施。

（5）**实验室废弃物处理**　包括对实验室无机、有机废弃物进行无害化、资源化、减量化处理技术。

（6）**实验室安全管理**　包括对实验室药品、试剂按性质进行分类保存，对实验室药品试剂台账管理，仪器设备档案管理等，并能对实验室仪器设备进行简单维护和保养等。

项目一

实验室个人安全防护

项目导入

案例：2008 年 3 月 19 日上午 8：55 左右，某化验室朱某在实验室配制氨性氯化亚铜溶液（1 体积氯化亚铜，加入 2 体积 25％的浓氨水）时，在量取 200mL 氯化亚铜溶液放入 500mL 平底烧瓶中后，需加入 400mL 氨水。朱某从溶液室临时摆放柜里拿了自认为是两瓶 250mL 的瓶装氨水试剂（每瓶中试剂约 200mL，其中一瓶实际为 98％的浓硫酸，浓硫酸瓶和氨水瓶的颜色较为相似），将第一瓶氨水试剂倒入一只 500mL 烧杯中，后拿起第二瓶，在没有仔细查看瓶子标签的情况下，误将约 200mL，实为 98％的浓硫酸倒入烧杯中，烧杯中溶液立即发生剧烈反应，烧杯被炸裂，溶液溅到朱某脸上和手上，当时化验员沈某正好去溶液室拿试剂经过，脸上也被喷溅出的溶液粘上。事故造成两人脸部及朱某手部局部化学灼伤。事故现场如图 1-0-1 所示。

图 1-0-1 事故现场

这是一起在配制有刺激性试剂时，没有按照规定在通风橱中操作，执行规范标准不到位，自我防范意识差，未按规定佩戴防护用品造成的安全责任事故。

实验室环境比较特殊。实验室工作人员在工作的时候需要接触各种各样的化学试剂、试样和仪器设备，水、电、煤气，还会经常遇到高温、低温、高压、真空、高电压、高频和带有辐射源的实验条件，在实验过程中还有各种各样的气体、蒸气、烟雾等物质的产生。这些物质有的有毒有害，有的易燃易爆。若缺乏必要的安全防护知识，会造成生命和财产的巨大损失。现代社会管理更重视人性化管理，认为人是社会的一切，有了人员才会有实验室的一切。因此，实验室工作人员必须学习实验室安全技术，并掌握必需的安全防护急救技能。

学习目标

1. 会识别实验室安全标识，能准确说出不同标识代表的含义。
2. 能按实验室规范要求执行，进行必要的安全防护。

3. 会识别实验室中的危险源,并采取必要的安全防护措施。

4. 能在发生实验室危险时,安全逃生。

工作任务

1. 识别实验室安全标识。
2. 识别实验室危险源。
3. 安全逃生。

任务一　认识实验室安全标识

任务准备

不安全行为	主要起因
1.知识的不足(不了解)	1.不正确的安全观念及态度
2.经验不足(不熟练)	2.缺乏知识及技术
3.意愿缺乏(不遵守规章)	3.生理不适应
4.过度疲劳(倦怠感)	4.不适当环境或设备引起的行为
5.对工作不适应	

任务简介

实验室安全标识有安全标志、安全色、禁止标志、警告标志、指令标志、提示标志等。用以表达特定的安全信息的标志,由图形符号、安全色、几何形状(边框)或文字等构成,形象、直观地向人们传达各种安全指示、禁令等信息。实验室安全守则是进入实验室工作、学习的所有人员必须遵守的实验室的一切规章制度,时时、处处、事事都要把安全放在首位,确保化学实验室各项分析、检验工作安全有序地进行,实现科学、有效的劳动保护管理,保护人员的安全与健康。

任务目标

1. 会识别实验室安全标识。
2. 说出不同标识代表含义。
3. 能按实验室规范执行。

内容

一、安全标识

安全标识分禁止标志、警告标志、指令标志和提示标志四大类型。

1. 禁止标志

禁止人们不安全行为的图形标志,基本形式为带斜杠的圆边框。

禁止标志及安全提示如表 1-1-1 所示。

表 1-1-1　禁止标志及安全提示

禁止标志	安全提示
 禁止吸烟	实验室中使用的某些化学物质具有燃烧性、助燃性、自燃性、氧化性甚至爆炸性。这些化学试剂或实验用辅助化学品要求进入实验室的人员禁止吸烟
 禁止用水灭火	实验室中的一些物质可以与水反应产生热量甚至反应生成可燃气体,加剧燃烧;一些密度小于水的可燃液体,可以漂浮在水面上继续燃烧和扩散;水的导电性也限制它在电气火灾中用来扑救火灾
 禁止烟火	实验室中,实验工作的性质决定了实验室中必须使用多种化学物质,这包括具有燃烧性、助燃性、自燃性、氧化性甚至爆炸性的化学物质,要求在某些特定的实验室中禁止烟火
 禁止穿化纤服装	某些实验室中有静电敏感电子元器件,这要求进入实验室的人员禁止穿化纤服装,以防产生静电,使电子器件引起静电损伤
 禁止放易燃物	实验室中,实验工作的性质决定了实验室中必须使用多种化学物质,包括具有燃烧性、助燃性、自燃性、氧化性甚至爆炸性的化学物质,这要求在某些特定的实验室中禁止放易燃物质

续表

禁止标志	安全提示
 禁止触摸	实验室中,某些化学物质具有刺激性、氧化性、腐蚀性,某些分析仪器在运行中某个部位较高温等,因此禁止实验人员用手直接触摸

2. 警告标志

警告标志是引起人们对周围环境的注意,以避免可能发生危险的图形标志,基本形式为正三角形边框。

警告标志及安全提示如表 1-1-2 所示。

表 1-1-2　警告标志及安全提示

警告标志	安全提示
 当心烫伤	实验室中,常会碰到高温物体或对试剂、药品进行加热操作,操作不当会引起烫伤事故
 当心中毒	实验室中,有许多试剂是有毒的,有毒物质往往通过呼吸吸入、皮肤渗入等方式导致中毒
 当心腐蚀	实验室中,有许多试剂具有强氧化性、腐蚀性,操作不慎会腐蚀皮肤、衣物等
 当心触电	实验室中,电器插头、插座之间容易发生接触不良现象以及某些"开放式"电器容易发生人身直接接触带电体导致触电危害事故

续表

警告标志	安全提示
 当心机械伤人	实验室中一般机械设备不多,但也有真空泵、离心机、搅拌机、粉碎机、研磨机、振动筛等机械设备,安全防护设施简陋或操作不当也会引起机械伤人事故发生
 当心伤手	实验室所用分析仪器,较多的是玻璃、陶瓷等易破碎器皿,容易发生破裂、破碎,操作不当会使操作者伤害到双手

3. 指令标志

强制人们必须做出某种动作或采用防范措施的图形标志,基本形式为圆形边框。

指令标志及安全提示如表1-1-3所示。

表1-1-3 指令标志及安全提示

指令标志	安全提示
 必须戴防护眼镜	实验室操作中,必须戴上防护眼镜,保护眼睛不被化学试剂灼伤
 必须戴防毒面具	实验室中,在接触易挥发、有毒等物质时,为防止这些物质直接进入呼吸道,须带上防毒面具进行操作
 必须穿防护服	实验人员进入实验室,必须穿实验服
 必须戴防护手套	实验人员在进行某些对皮肤有腐蚀性、氧化性、刺激性等试剂的操作时,必须按操作要求戴上防护手套

4. 提示标志

向人们提供某种信息（如标明安全设施或场所等）的图形标志，基本形式为正方形边框。提示标志及安全提示如表 1-1-4 所示。

表 1-1-4　指令标志及安全提示

提示标志	安全提示
紧急出口（左向箭头）	紧急出口在左侧，遇紧急情况请向左侧迅速撤离
紧急出口（右向箭头）	紧急出口在右侧，遇紧急情况请向右侧迅速撤离

二、实验室安全守则

（1）进入化学实验室之前，必须仔细阅读实验室规则，了解实验室的注意事项、有关规定以及学习事故处理办法和急救常识（见图 1-1-1）。

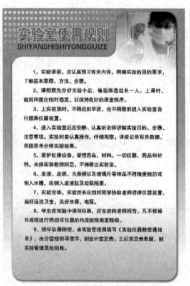

图 1-1-1　张贴于实验室的有关安全守则

（2）穿戴好实验服、防护镜、橡胶手套等进入实验室，严格遵守劳动纪律，坚守岗位，精心操作（见图 1-1-2 和 1-1-3）。

（3）凡进行有危险性的实验，工作人员应先检查防护措施，确认防护妥当后，才能开始进行实验。对有毒或有刺激性气体发生的实验，应在通风柜内进行，并要求加强个人防护，实验中不得把头部伸进通风柜中（图 1-1-4）。在实验过程中，实验人员不得擅自离开，实验完成后须立即做好清理善后工作，以防事故发生。

图 1-1-2　实验过程中基本安全防护措施

图 1-1-3　张贴于实验室的实验要求标语

图 1-1-4　进行危险性实验基本防护措施

（4）酸、碱类等腐蚀性物质，不得放置在高处或实验试剂架的顶层。开启腐蚀性和刺激性物品的瓶子时，应佩戴护目镜；开启有毒气体容器时，应佩戴防毒用具。禁止用裸手直接拿取上述物品（见图 1-1-5 和图 1-1-6）。

（5）实验室中产生的废液、废渣和其他废物，应集中处理，不得任意排放（见图 1-1-7）。酸、碱或有毒物品溅落时，应及时清理。

图 1-1-5　实验室试剂放置　　　　　图 1-1-6　防毒面具

图 1-1-7　实验室废液分类存放桶

（6）实验室应配备足够的消防器材（图 1-1-8），实验人员必须熟悉其使用方法，并掌握有关的灭火知识和技能。

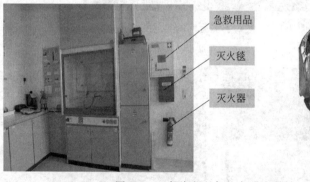

图 1-1-8　实验室配备基本消防器材

（7）实验前，实验人员必须洗手，并不得把食物、食具带进实验室，实验室内禁止吸烟。实验结束，实验人员离开实验室前应检查水、电、燃气和门窗，以确保安全。

（8）禁止无关人员进入实验室（标识见图 1-1-9）。

图 1-1-9　禁止无关人员进入实验室标识

评价表

知识与技能	内容	记录
识别安全标识	禁止标识	
	警告标识	
	指令标识	
	提示标志	
进入实验室按规范执行	明确实验要求、实验内容、注意事项	
	个人防护措施	
	环境保护措施	
教师评语		

 知识链接

安全色

安全色是表达安全信息的颜色，表示禁止、警告、指令、提示等意义。正确使用安全色，可以使人员能够对威胁安全和健康的物体和环境尽快作出反应；迅速发现或分辨安全标志，及时得到提醒，以防止事故、危害发生。

国际标准化组织（ISO）和很多国家都对安全色的使用有严格规定。我国已制定了安全色国家标准。规定用红色、黄色、蓝色、绿色四种颜色作为全国通用的安全色。四种安全色的含义和用途如下。

红色：表示禁止、停止、消防和危险的意思。禁止、停止和有危险的器件设备或环境涂以红色的标记。如禁止标志、交通禁令标志、消防设备、停止按钮和停车、刹车装置的操纵把手、仪表刻度盘上的极限位置刻度、机器转动部件的裸露部分、液化石油气槽车的条带及文字，危险信号旗等。

黄色：表示注意、警告的意思。需警告人们注意的器件、设备或环境涂以黄色标记。如警告标志、交通警告标志、道路交通路面标志、皮带轮及其防护罩的内壁、砂轮机罩的内壁、楼梯的第一级和最后一级的踏步前沿、防护栏杆及警告信号旗等。

蓝色：表示指令，必须遵守的规定。如指令标志、交通指示标志等。

绿色：表示通行、安全和提供信息的意思。可以通行或安全情况涂以绿色标记。如表示通行、机器启动按钮、安全信号旗等。

国家标准 GB 2893—2008《安全色》对安全色的含义及用途、照明要求、颜色范围以及检查与维修等均作了具体规定。

"三 E"措施

"三 E"措施是指安全技术（Engineering）、安全教育（Education）和安全管理（Enforcement）三个方面（见图 1-1-10）。"三 E"措施认为要确保安全生产和防止人为错误造成事故，必须从这三个方面采取综合措施。"三 E"措施指出：不经常进行安全教育本身就是一种不安全的隐患。这种观点与美国心理学家马斯洛（A. Maslow）提出的"人的安全需要是仅次于生理需要的五大需要之一,很多事故所以会发生,往往是当事人不懂得其危险性所致"是一致的(见图 1-1-11)。

图 1-1-10 "三 E"措施

图 1-1-11 人的"需要层次关系"示意图

海因里西法则(Heinrich's Law)

海因里西法则(见图 1-1-12)是 1941 年美国的海因里西从统计的许多事故得出的。

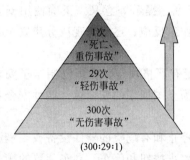

图 1-1-12 海因里西法则

当时,海因里西统计了 55 万件机械事故,其中死亡、重伤事故 1666 件,轻伤 48334 件,其余则为无伤害事故。从而得出一个重要结论,即在机械事故中,死亡、重伤、轻伤和无伤害事故的比例为 1∶29∶300,国际上把这一法则叫事故法则。这个法则说明,在机械生产过程中,每发生 330 起意外事件,有 300 件未产生人员伤害,29 件造成人员轻伤,1 件导致重伤或死亡。

对于不同的生产过程,不同类型的事故,上述比例关系不一定完全相同,但这个统计规律说明了在进行同一项活动中,无数次意外事件,必然导致重大伤亡事故的发生。而要防止重大事故的发生必须减少和消除无伤害事故,要重视事故的苗头和未遂事故,否则终会酿成大祸。例如,某机械师企图用手把皮带挂到正在旋转的皮带轮上,因未使用拨皮带的杆,且站在摇晃的梯板上,又穿了一件宽大长袖的工作服,结果被皮带轮绞入碾死。事故调查结果表明,他这种上皮带的方法使用已有数年之久。查阅四年病志(急救上药记录),发现他有 33 次手臂擦伤后治疗处理记录,他手下工人均佩服他手段高明,结果还是导致死亡。这一事例说明,重伤和死亡事故虽有偶然性,但是不安全因素在事故发生之前已暴露过许多次,如果在事故发生之前,抓住时机,及时消除不安全因素,许多重大伤亡事故是完全可以避免的。

海因里西首先提出了事故因果连锁论,用以阐明导致伤亡事故的各种原因及与事故间的关系。该理论认为,伤亡事故的发生不是一个孤立的事件,尽管伤害可能在某瞬间突然发生,却是一系列事件相继发生的结果。

海因里西把工业伤害事故的发生、发展过程描述为具有一定因果关系的事件的连锁发生过程,具体如下。

(1)人员伤亡的发生是事故的结果。

（2）事故的发生是由于：①人的不安全行为；②物的不安全状态。

（3）人的不安全行为或物的不安全状态是由于人的缺点造成的。

（4）人的缺点是由于不良环境诱发的，或者是由先天的遗传因素造成的。

任务总结

技能点	知识点
➢ 识别实验室安全标识 ➢ 按实验室规范执行	➢ 不同标识代表的含义 ➢ 安全标识、安全色的含义 ➢ 实验室规范

思考题

1. 实验室安全技术的基本原理是什么？为什么需要进行安全教育？
2. 进入实验室前如何做好个人防护工作？
3. 安全色、安全标识的作用是什么？
4. 说说你在实验室操作中的不安全行为，解释主要原因。

任务二　识别实验室中的危险源

任务准备

2004年8月，某大学化学实验室着火现场如图1-2-1所示。

图1-2-1　某大学化学实验室着火后现场

事故原因：某研究生将拟报废的烘箱错接电源，使温度失控，温度过高引起烘箱周围物品燃烧。

在化学实验中，经常使用各种化学药品和仪器设备，水、电、煤气，还会经常遇到高温、低温、高压、真空、高电压、高频和带有辐射源的实验条件。图1-2-2为化学实验室中危险化学品。

 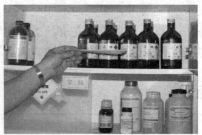

图 1-2-2　化学实验室中危险化学品

任务简介

危险源是指能造成人员伤害、疾病、财产损失、作业环境破坏或其他损失的根源或状态。换言之，危险源是指一个系统中具有潜在能量和物质释放危险的、在一定的触发因素作用下可转化为事故的部位、区域、场所、空间、岗位、设备及其位置。也就是说，危险源是能量、危险物质集中的核心，是能量传出来或爆发的地方。根据危险源的定义，危险源应由三个要素构成：潜在危险性、存在条件和触发因素。

在化学实验室里，常常潜藏着诸如发生爆炸、着火、中毒、灼伤、割伤、触电等事故的危险性。应通过对实验室中危险源三要素即潜在危险性、存在条件和触发因素进行分析以及人的不安全行为、物的不安全状态和管理上的缺陷进行分析，识别实验室中的危险源。

任务目标

1. 会识别实验室中的危险源。
2. 记住实验室常见危险源的危害性。
3. 会对实验室危险源采取必要的安全措施。

内容

一、实验室电气线路及用电器具危险源

1. 实验室常用电器

实验室常用电器如图 1-2-3～图 1-2-9 所示。

图 1-2-3　电炉　　　　图 1-2-4　电热套　　　　图 1-2-5　烘箱

图 1-2-6　电热棒　　　图 1-2-7　高温厢式电炉　　图 1-2-8　电子天平、稳压电源

实验室安全技术

图 1-2-9　气相色谱

以上仅列举了实验室中部分常见用电设备，除了以上这些用电设备，还有与各种机械设备配套的仪器、电机、插头、插座，它们之间往往进行临时接插连接，并且实验室中多数的用电实验装置是移动式设备。

2. 实验室电气系统的特点和危险因素

实验室中加热设备高温环境，实验仪器超龄"服役"，插座、接线板电源设备的不规范使用等，都会成为实验室电气系统危险源。

（1）实验室中加热设备如普通电炉、电热套、烘箱、高温厢式电炉等操作不当极易引起烧伤、烫伤甚至火灾等事故的发生。高温厢式电炉在实验室中常用来进行试样的预处理等，使用过程中炉膛温度高达 1000℃，一定要严格按照操作规程规范使用。

（2）用电仪器分散、运行时间不固定，容易造成负荷不均匀、用电仪器之间相互干扰，甚至发生局部线路超负荷、电源跳闸等危险（见图 1-2-10～图 1-2-13）。

图 1-2-10　电线破损，火线外露

图 1-2-11　湿手操作带电开关

图 1-2-12　接线板超负荷

图 1-2-13　用电仪器线路交叉

（3）实验仪器在实验中通常都可能带水运行，容易因潮湿引起漏电（见图 1-2-14 和图 1-2-15）。

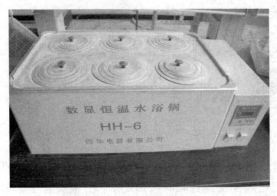 

图 1-2-14　学生实验用水浴锅　　　　　　　图 1-2-15　实验台边上插座

（4）在腐蚀环境中使用的电器及线路容易被腐蚀，形成危险因素（见图 1-2-16～图 1-2-18）。

图 1-2-16　化工实验室中被部分腐蚀的离心泵　　　图 1-2-17　化工实验室中被部分腐蚀的马弗炉

（5）使用某些"开放式"电器（如图 1-2-19 所示的开放式仪表操作台面），容易发生人身直接接触带电体导致的触电危害事故。

图 1-2-18　化工实验室中被部分腐蚀的电炉　　　图 1-2-19　开放式仪表操作台面

二、实验室机械设备危险源

1. 实验室常用机械设备

实验室常用机械设备如图 1-2-20～图 1-2-22 所示。

图 1-2-20　离心机

图 1-2-21　电动搅拌机

图 1-2-22　电动粉碎机

2. 实验室机械设备的特点和危险因素

(1) 实验室机械设备相对于企业生产设备来说比较"简陋"（见图 1-2-23 和图 1-2-24），结构较为简单、功率较小、形体"袖珍"，这导致安全防护设施简单，安全防护性能相对较低。

图 1-2-23　学校教学用电动调节阀

图 1-2-24　化工企业用电动调节阀

(2) 实验室教学用设备利用率较高，一般没有"备用"设备，因此不便安排预防维修时间，容易导致机械工况不良。

(3) 实验室机械设备通常与实验仪器配套使用，设备中常有玻璃、陶瓷等易破碎配件，在实验操作过程中易发生破裂、破碎。

(4) 实验室用机械设备多数是移动式设备，通常不配备固定的防护装置，也较少有固定的安装位置（见图 1-2-25），容易发生震动导致连接松动。

三、实验室危化物品危险源

实验室危险物品主要是危险化学品，通常是在分析检验中使用的化学试剂。对于企业实验室所涉及的危险化学品，还包括某些原材料、中间产品、产品或者废弃物，这些危险化学品通常以样品的形式进入实验室。

1. 爆炸品

本类化学品指在外界作用下（如受热、受摩擦、撞击

图 1-2-25　实验室中未安全
固定的球磨机

等），能发生剧烈的化学反应，瞬时产生大量的气体和热量，使周围压力急骤上升，发生爆炸，对周围环境造成破坏的物品，也包括无整体爆炸危险，但具有燃烧、抛射及较小爆炸危险，或仅产生热、光、音响或烟雾等一种或几种作用的烟火物品。

爆炸品包括：

（1）火药，如黑色火药、无烟火药、推进火药（以高氯酸盐及氧化铅等为主要药剂）。

（2）炸药，如雷汞、叠氮化铅、硝铵炸药、氯酸钾炸药、高氯酸铵炸药、硝化甘油、乙二醇二硝酸酯、黄色炸药、液态氧炸药、芳香族硝基化合物类炸药。

（3）起爆器材，如雷管、实弹、空弹、信管、引爆线、导火线、信号管、焰火。

（4）其他爆炸性化学药品，如氢气、乙烯、乙炔、苯、乙醇、乙醚、丙酮、乙酸乙酯、一氧化碳、氨气、过氧化物、高氯酸盐、叠氮化铅、乙炔铜、三硝基甲苯等。

此类物品都具有化学不稳定性，在一定外界因素的作用下，会发生猛烈的化学反应，这类反应有以下四个特点。

① 到达敏感度。任何一种爆炸品的爆炸都需要外界供给它一定的能量——起爆能。某一爆炸品所需的最小起爆能，即为该爆炸品的敏感度。敏感度是确定爆炸品爆炸危险性的一个非常重要的标志，敏感度越高，则爆炸危险性越大。

② 化学反应速率极快。一般以万分之一秒的时间完成化学反应，因为爆炸能量在极短时间放出，因此具有巨大的破坏力。

③ 爆炸时产生大量的热。

④ 产生大量气体，造成高压。形成的冲击波对周围建筑物有很大的破坏性。

有些爆炸品与某些化学品如酸、碱、盐发生化学反应，反应的生成物是更容易爆炸的化学品。例如，苦味酸遇某些碳酸盐能反应生成更易爆炸的苦味酸盐；苦味酸受铜、铁等金属撞击，立即发生爆炸。无水氯化铝的吸水性很强，且遇水会分解，所以储存时间较长的无水氯化铝可能因吸潮而发生自然爆炸。

2. 气体

本类化学品系指压缩、液化或加压溶解的气体，并应符合下述两种情况之一：①临界温度低于50℃时，或在50℃时，其蒸气压力大于294kPa的压缩或液化气体；②温度在21.1℃时，气体的绝对压力大于275kPa，或在54.4℃时，气体的绝对压力大于715kPa的压缩气体，或在37.8℃时，雷德蒸气压大于275kPa的液化气体或加压溶解气体。

所有压缩气体都有危害性，因为它们是在高压下存放。有些气体具有易燃、易爆、助燃、剧毒等性质，在受热、撞击等情况下，易引起燃烧爆炸或中毒事故。本类物品应避免受热、撞击、强烈震动或置于阳光曝晒的地方，否则容器内压力会急剧增大，致使容器破裂爆炸，或导致气瓶阀门松动漏气，酿成火灾或中毒事故。

（1）不燃气体　不燃气体本身不会燃烧，如氮气、二氧化碳等，也无毒性，但高浓度时有窒息作用。

图1-2-26　氧气钢瓶

氧气是不燃气体，但具有强烈的助燃作用。高温下，纯氧十分活泼；温度不变而压力增加时，可以和油类发生急剧的化学反应，并引起发热自燃，进而产生强烈爆炸。氧气瓶一定要防止与油类接触，并绝对避免让其他可燃性气体混入氧气瓶；禁止用（或误用）盛其他可燃性气体的气瓶来充灌氧气。氧气钢瓶如图1-2-26所示。

（2）易燃气体　此类气体极易燃烧，与空气混合能形成爆炸性混合物。

在常温常压下遇明火、高温即会发生燃烧或爆炸。

常见的可燃性气体包括：煤气、石油液化气、氢气、甲烷、乙烷、丙烷、丁烷、乙烯、丙烯、丁烯、乙炔、环丙烷、丁二烯、一氧化碳、甲醚、环氧乙烷、氧化丙烯、乙醛、丙烯醛、氨、甲胺、二甲胺、三甲胺、乙胺、氰化氢、丙烯腈、氯甲烷、氯乙烷、氯乙烯、溴甲烷、硫化氢、二硫化碳等。氢气钢瓶和乙炔气体钢瓶如图1-2-27和图1-2-28所示。

图1-2-27　氢气钢瓶

图1-2-28　乙炔气体钢瓶

（3）有毒气体　该类气体有毒，对人畜有强烈的毒害、窒息、灼伤、刺激作用。其中有些还具有易燃、氧化、腐蚀等性质。

常见的实验室有毒气体有氟气、臭氧、砷化氢、磷化氢、氯气、肼、丙烯醛、溴气、氟化氢、二氧化硫、氯化氢、甲醛、氰化氢、硫化氢、二硫化碳、一氧化碳、氨、环氧乙烷、溴甲烷、二氧化氮、氯丁二烯、氯甲烷等。

3. 易（可）燃液体

实验室常见易（可）燃液体如表1-2-1所示。

表1-2-1　实验室中常见易（可）燃液体

类别	级别	闪点/℃	例子
易燃液体	一级	<28	丙酮,甲醇,乙醛,苯,乙醇,汽油
	二级	28~45	丁烯醇,乙酸,乙酸丁酯,松节油,煤油
可燃液体	三级	45~120	丙二胺,壬醇,己酸乙酯,二乙三胺
	四级	>120	己二酸二辛酯,苯二甲酸二丁酯,苯二酸二辛酯

我国规定闪点不超过45℃的液体为易燃液体。易（可）燃液体在火源或热源的作用下，先蒸发成蒸气，然后蒸气氧化分解进行燃烧。开始时燃烧速率较慢，火焰也不高，因为这时的液面温度低，蒸发速率慢，蒸气量较少。随着燃烧时间延长，火焰向液体表面传热，使表面温度上升，蒸发速率和火焰温度则同时增加，这时液体就会达到沸腾的程度，使火焰显著增高。如果不能隔断空气，易（可）燃液体就可能完全烧尽。

易燃液体的特点如下。

（1）闪点低，爆炸危险大，甚至火星、热表面也可致燃。加之有不少易燃液体的电阻率较大，在操作、运送时容易积聚静电，其能量足以引起燃烧与爆炸。氧化剂也可使易燃液体燃烧或爆炸，如环戊二烯与硝酸。

(2) 沸点低，汽化快，可源源供应可燃蒸气。加之易燃液体的黏度大多比较小，具有很高的流动性，很容易向四周扩散，并飘浮于地面、工作台面（因易燃液体蒸气大多比空气重），更加增大了燃烧爆炸的危险性。

(3) 多数有毒。

4. 易燃固体、易于自燃物质和遇水放出易燃气体的物质

该类危险物质按其危险性可以分为易燃固体、易于自燃物质、遇水放出易燃气体的物质三项。

(1) 易燃固体　燃点较低，对物理或化学作用敏感，容易引起燃烧的固态物质，称为易燃固体。物理作用因素可包括热学因素（如火种、热源），机械力（如摩擦、撞击、震动），高能辐射（如激光、红外辐射）等。化学作用因素可包括氧化剂、氧化性酸、酸、还原剂等。例如红磷、五氧化二磷遇火种、高温热源、摩擦、撞击、高能辐射或强氧化剂时很容易燃烧；对亚硝基苯酚遇浓碱可引起燃烧、爆炸；硝化纤维素遇间苯二胺可引起燃烧、爆炸；2,4-二硝基间苯二酚遇高热、强烈震动、氧化剂或重金属粉末时容易爆炸；重氮氢基苯受热至100℃以上时爆炸；氨基化钠在遇高热、明火、强氧化剂或受潮时均可产生爆炸；粉状易燃固体飘浮于空气中时，容易形成爆炸性粉尘。此类物质有：P（黄磷、红磷）、P_4S_3、P_2S_5、P_4S_7（硫化磷）、S（硫黄）、金属粉（Mg、Al等）、金属条（Mg）、赛璐珞等。

(2) 易于自燃物质　在无外界火源存在时，由于氧化、分解、聚合或发酵等原因，可在常温空气中自行产生热量，并使逐渐积累，从而达到燃点引起燃烧的物质，称为自燃物质。自燃物质化学活性一般都比较活泼，燃点大都较低。潮湿、高温、包装疏松、结构多孔（接触空气面积大）、助燃剂或催化剂的存在等因素，可以促进自燃。如黄磷、还原铁、还原镍、以及多种作为聚合催化剂（或原料）的金属有机化合物（三乙基铝、三丁基硼等）。

(3) 遇水放出易燃气体的物质。遇水、潮湿空气、含水物质可剧烈反应，放出易燃气体和大量热量，引起燃烧、爆炸，或可形成爆炸性混合气体，从而造成危险的物质。这类物质包括：Na、K、CaC_2（碳化钙）、Ca_3P_2（磷化钙）、CaO（生石灰）、$NaNH_2$（氨基钠）、$LiAlH_4$（氢化铝锂）、$NaBH_4$ 等（硼氢化钠）等。过氧化钠、过氧化钾、氢氧化钠、氢氧化钾、发烟硫酸、氯磺酸、三氯化磷、四氯化钛、四氯化锡、无水氯化铝、生石灰等物，与水反应时可释出大量热，致使附近的有机物、可燃物燃烧起火。

遇湿易燃物质除遇水反应外，遇到酸或氧化剂也能发生反应，而且比遇到水发生的反应更为强烈，危险性也更大。因此，储存、运输和使用遇湿易燃物质时，应注意防水、防潮，严禁火种接近，不得与酸、氧化剂、氯气、氧气、一氧化二氮、溴、碘、硫、磷、含水物品、重金属盐、其他类危险品以及灭火方法不同的物品共储。房内严禁设置水源。

5. 氧化性物质和有机过氧化物

根据危险特性，可以把本类危险物质分为氧化性物质和有机过氧化物两项。这类物质具有强烈的氧化性，在不同条件下遇酸、遇碱、受热、受潮或接触有机物、还原剂即分解释放出氧气，发生氧化还原反应引起燃烧、爆炸。

凡品名中有"高""重""过"字的，如高氯酸盐、高锰酸盐、重铬酸盐、过氧化钠等，其酸根中的氧原子都超过了正常数，很容易释放出氧，所以都属于此类物质。常见的有：

氯酸盐：$MClO_3$ [M＝Na、K、NH_4、Ag、Hg(Ⅱ)、Pb、Zn、Ba]。

高氯酸盐：$MClO_4$（M＝Na、K、NH_4、Sr）。

无机过氧化物：Na_2O_2、K_2O_2、MgO_2、CaO_2、BaO_2、H_2O_2。

硝酸盐：MNO_3（M＝Na、K、NH_4、Mg、Ca、Pb、Ba、Ni、Co、Fe）。

高锰酸盐：$MMnO_4$（M＝K、NH_4）。

有机过氧化物：烷基氢过氧化物 R—O—O—H（R 为叔丁基或异丙苯基）、二烷基过氧化物 R—O—O—R′（R、R′为叔丁基或异丙苯基）等。

有机过氧化物指分子组成中含有过氧键的有机物，其本身易燃易爆、极易分解，对热、震动和摩擦极为敏感。

6. 毒性物质和感染性物质

（1）毒性物质　毒性物质系指进入机体后，累积达一定的量，能与体液和组织发生生物化学作用或生物物理学作用，扰乱或破坏机体的正常生理功能，引起暂时性或持久性的病理改变，甚至危及生命的物品。

实验室中大多数化学药品都有不同程度的毒性。通常，进行实验时，因为用量很少，除非严重违反使用规则，否则不会由于一般性的药品引起中毒事故。但是，对毒性大的物质，一旦用错就会发生事故，甚至会有生命危险。因此，在经常使用的药品中，对其中危险程度大的物质，必须遵照有关规定使用。有毒化学药品可通过呼吸道、消化道和皮肤进入人体而使人发生中毒现象。如 HF 侵入人体，将会损伤牙齿、骨骼、造血和神经系统；烃、醇、醚等有机物对人体有不同程度的麻醉作用；三氧化二砷、氰化物、氯化高汞等是剧毒品，吸入少量会致死；苯、四氯化碳、乙醚、硝基苯等蒸气经常久吸会使人嗅觉减弱，必须高度警惕；有机溶剂能穿过皮肤进入人体，应避免直接与皮肤接触。

（2）感染性物质　感染性物品标识如图 1-2-29 所示。

图 1-2-29　感染性物品标识

图 1-2-30　生物实验室中培养的微生物

感染性物质系指含有致病的微生物（如图 1-2-30 所示的生物实验室中培养的微生物），及能引起病态甚至死亡的化学品。

7. 放射性物质

放射性物质系指含有放射性核素且其放射性活度和总活度都分别超过 GB 11806—2004《放射性物质安全运输》规定限值的物质。实验室常用放射性同位素如碘-131、碘-125、磷-32（可放射高能量 β 射线）、氙-133、镓-67、锝-99m 等。放射性物质放出的射线可分为四种：α 射线，也叫甲种射线；β 射线，也叫乙种射线；γ 射线，也叫丙种射线；还有中子流。

各种射线对人体的危害都很大。许多放射性物品毒性很大,不能用化学方法中和使其不放出射线,只能设法把放射性物质清除或者用适当的材料予以吸收屏蔽。

使用放射性物质的基本原则:①避免放射性物质进入体内和污染身体;②减少人体接受来自外部辐射的剂量;③尽量减少以至杜绝放射性物质扩散造成危害;④放射性废物要储存在专用污物筒中,定期按规定处理。

8. 腐蚀性物质

腐蚀品是指能灼伤人体组织并对金属等物品造成损坏的固体或液体。与皮肤接触在 4h 内出现可见坏死现象,或温度在 55℃时,对 20 号钢的表面均匀年腐蚀率超过 6.25mm/a 的固体或液体❶。

液氮、强酸、强碱、强氧化剂、溴、磷、钠、钾、苯酚、醋酸等物质都会灼伤皮肤,应注意不要让皮肤与之接触,尤其防止溅入眼中。

该类物品按化学性质分为三类:酸性腐蚀品;碱性腐蚀品;其他腐蚀品。

该类物品有以下主要特性。

(1) 强烈的腐蚀性 在化学危险物品中,腐蚀品是化学性质比较活泼,能和很多金属、有机化合物、动植物机体等发生化学反应的物质。这类物质能灼伤人体组织,对金属、动植物机体、纤维制品等具有强烈的腐蚀作用。

(2) 较强毒性 多数腐蚀品有不同程度的毒性,有的还是剧毒品。

(3) 易燃性 许多有机腐蚀物品都具有易燃性。如甲酸、冰醋酸、苯甲酰氯、丙烯酸等。

(4) 氧化性 腐蚀品有些具有氧化性,如硝酸、硫酸、高氯酸、溴素等,当这些物品接触木屑、食糖、纱布等可燃物时,会发生氧化反应,引起燃烧。

处理此类物质时,要戴橡胶或塑料手套,同时应在通风橱内进行。

四、其他危险源

在实验室中,实验人员自身安全意识淡薄,自我防护意识不到位,安全操作技能欠缺等,是实验室安全极大的危险源(见图 1-2-31 和图 1-2-32)。在现实生产安全事故当中,尽管造成事故的直接原因包含"物的不安全状态"和"人的不安全行为",但是在人与物产生的不安全因素中,人的失误是占绝大多数的。统计分析表明,只有约 4% 的事故与"人的不安全行为"无关。

图 1-2-31 学生实验室中不安全行为

---

❶ 来源于百度百科词条。

图 1-2-32　学生实验时不安全装束

五、实验室安全基本措施

（1）开始实验前，应确认作好安全评估，充分了解使用设备的安全状况及使用药品的毒性、物理性质、化学性质与正确的使用及销毁方法，对实验过程中可能发生的危害提出预防及处理方法，学习如图 1-2-33 所示的安全守则、预案、操作规程，并采取适当的防护措施，严格遵守操作规程。

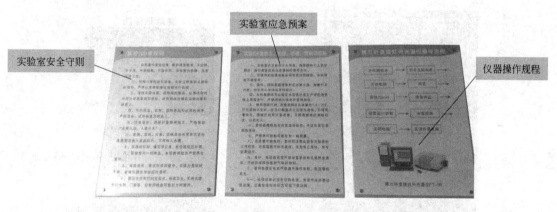

图 1-2-33　实验室墙上安全守则、预案、操作规程

（2）对于当前使用的化学药品，应知道且注意化学药品的危害，个人的防护要求，应付突发事件的设备及其位置和正确的使用法，个人的卫生保健以及减少或消除暴露、取用、处理和储存化学药品的适当方法，其他安全程序（例如可能遇到的处理突发事件程序）等。图 1-2-34 为化学品安全技术说明书。

（3）实验前，要先了解清楚需要关闭的水龙头、电气开关、灭火器、急救用的沐浴器及洗眼器（见图 1-2-35）的操作方法及紧急出口的位置（见图 1-2-36）。

（4）勿在实验室独自工作。

（5）关注所有的装有药品的容器标注上的容量、浓度、危害性和日期（图 1-2-37）。

（6）取用试剂前，应看清标签，以免误用，由试剂瓶倒出液体药品时，应将标签部分朝上，以免流出药液损毁标签及再拿药瓶时伤及皮肤（图 1-2-38）。

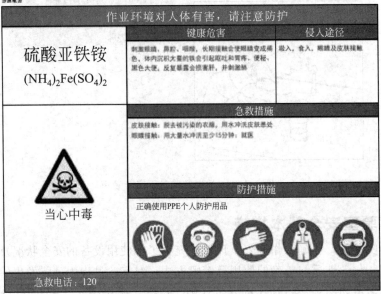

图 1-2-34　化学品安全技术说明书（MSDS）

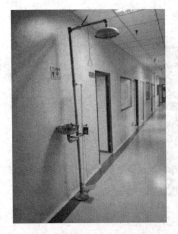

图 1-2-35　实验室紧急冲淋洗眼器

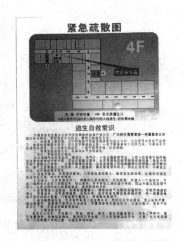

图 1-2-36　实验室紧急疏散图

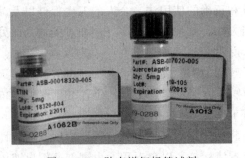

图 1-2-37　贴有详细标签试剂

（7）立刻清除溅出的化学药品或打碎的玻璃仪器，保持工作区域的整洁、有序（图 1-2-39）。

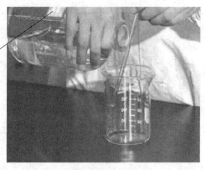

图 1-2-38　规范倾倒液体试剂

图 1-2-39　整洁、规范化学实验操作台

（8）实验结束后处理好废液及废弃物（图 1-2-40），洗净用过的玻璃仪器并放回原处（图 1-2-41）。

图 1-2-40　实验废液桶

图 1-2-41　实验后整理完毕操作台

评价表

知识与技能	内容	记录
危险源识别	电气设备危险源	
	机械设备危险源	
	危化物品危险源	
	其他	

续表

知识与技能	内容	记录
采取的安全措施	电气设备	
	机械设备	
	危化物品	
教师评语		

 知识链接

化学品

定义：化学品是指天然的或人造的各类化学元素、化合物和混合物。目前世界上所发现的化学品已超过 1000 余万种，日常使用的约有 700 余万种。随着科学技术的进步，每年还要有千余种化学品问世。化学品已成为人类生产和生活不可缺少的一部分。化学品的生产和消费确实极大地改善了人们的生活，但是不少化学品其固有的易燃、易爆、有毒、有害的危险特性也给人类生存带来了一定的威胁。

危险化学品

化学品中具有易燃、易爆、毒害、腐蚀、放射性等危险特性，在生产、储存、运输、使用和废弃物处置等过程中容易造成人身伤亡、财产损失、污染环境的均属危险化学品。

化学品的种类近千万，危险化学品只是化学品中的一部分，如何判断某一化学品是否是危险化学品呢？

方法一：查询国家标准。目前主要的标准有以下几个。

①《危险货物分类和品名编号》(GB 6944—2012)。

②《危险货物品名表》(GB 12268—2012)。

③《化学品分类和危险性公示　通则》(GB 13690—2009)。

④ 2002 年国家经济贸易委员会、公安部等十部委联合下发了《危险化学品名录》(2002 年版) 和《剧毒化学品名录》(2002 年版)。

方法二：根据理化特性判断。

未列入《危险货物品名表》的其他危险化学品，就需要对其做"化学品危险性鉴别"，通过测定化学品相关的理化数据，来判断它是否是危险化学品。

危险化学品的品名编号

生产过程危险和有害因素分类与代码，有利于各行业在规划、设计和组织生产时，对危险和有害因素进行预测、预防，有利于对伤亡事故进行统计分析和应用计算机管理，也有利于职业安全卫生信息的处理和交换。

1. 编号的组成

危险化学品品名编号由五位阿拉伯数字组成，分别表明危险化学品所属类别、项别和顺序号。

2. 编号的表示方法

编号的表示方法如下：

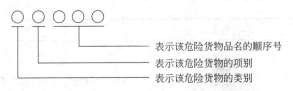

化学品编号需印在化学品试剂标签上(见图1-2-42)。

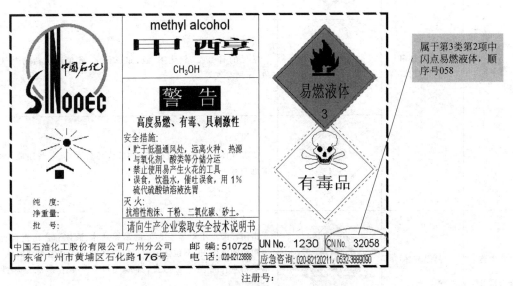

图1-2-42 甲醇试剂标签

3. 编号的使用与举例

每一种危险化学品指定一个编号,但对性质基本相同,运输条件和灭火、急救方法相同的危险化学品,也可使用同一编号,详见《危险货物品名表》(GB 12268—2012)。

危险化学品的分类原则

每一种危险化学品往往具有多种危险性,但是在多种危险性中,必有一种主要的即对人类危害最大的危险性。在对危险化学品分类时,按照"择重归类"的原则,即根据该化学品的主要危险性来进行分类。

《危险货物分类和品名编号》(GB 6944—2012)将危险化学品分为九类:①爆炸品;②压缩气体和液化气体;③易燃液体;④易燃固体、自燃物品和遇湿易燃物品;⑤氧化剂和有机过氧化物;⑥毒害品和感染性物品;⑦放射性物品;⑧腐蚀品;⑨杂类。

我国危险化学品的分类体系见表1-2-2。

表1-2-2 我国危险化学品的分类体系

类别	名称	标识	定义
第1类	爆炸品	爆炸品 1	爆炸品是指在外界作用下(如受热、受压、撞击等),能发生剧烈的化学反应,瞬时产生大量的气体和热量,使周围压力急剧上升,发生爆炸,对周围环境造成破坏的物品,也包括无整体爆炸危险,但具有燃烧、抛射及较小爆炸危险的物品

项目一 实验室个人安全防护

续表

类别	名称	标识	定义
第2类	压缩气体和液化气体	易燃气体	此类气体极易燃烧,与空气混合能形成爆炸性混合物。如氢气、丙烯等
		不燃气体 2	常见的有氮、二氧化碳、氩、氖、氦等。此项还包括助燃气体氧、压缩空气等
		有毒气体 2	此类气体吸入后能引起人畜中毒,甚至死亡,有些还能燃烧。常见的有一氧化氮、氯气等
第3类	易燃液体	易燃液体 3	指闭杯闪点小于等于61℃的易燃液体、液体混合物或含有固体物质的液体,但不包括由于其危险性已列入其他类别的液体。本类物质在常温下易挥发,其蒸气与空气混合形成爆炸性混合物
第4类	易燃固体、自燃物品和遇湿易燃物品	易燃固体 4	指燃点低,对热、撞击、摩擦敏感,易被外部火源点燃,燃烧迅速,并可能散发出有毒烟雾或有毒气体的固体。但不包括已列入爆炸品的物品,如红磷、硫黄等
		自燃物品 4	指自燃点低,在空气中易于发生氧化反应,放出热量,而自行燃烧的物品,如黄磷(白磷)、保险粉(连二亚硫酸钠)
		遇湿易燃物品 4	指遇水或受潮时,发生剧烈化学反应,放出大量的易燃气体和热量的物品。有些不需明火即能燃烧或爆炸,如钠、钾等
第5类	氧化剂和有机过氧化物	氧化剂 51	指处于高氧化态,具有强氧化性,易分解并放出氧和热量的物质。包括含有过氧基的无机物,其本身不一定可燃,但能导致可燃物的燃烧;与粉末状可燃物能组成爆炸性混合物,对热、震动或摩擦较为敏感。如过氧化钠、高锰酸钾等

续表

类别	名称	标识	定义
第5类	氧化剂和有机过氧化物	有机氧化剂 5.2	指分子组成中含有过氧键的有机物,其本身易燃易爆、极易分解,对热、震动和摩擦极为敏感。如过氧化苯甲酰、过氧化甲乙酮等
第6类	有毒品	有毒品 6	本类物品指进入机体后,积累达到一定的量,能与体液和组织发生生物化学作用或生物物理作用,扰乱或破坏机体的正常生理功能,引起暂时性或持久性的病理改变,甚至危及生命的物品。经口:$LD_{50} \leqslant 50mg/kg$;经皮:$LD_{50} \leqslant 200mg/kg$;吸入:$LC_{50} \leqslant 500 \times 10^{-6}$(气体)或2.0mg/L(蒸气)或0.5mg/L(尘、雾)
第7类	放射性物品	一级放射性物品 I 7 二级放射性物品 II 7 三级放射性物品 III 7	指放射性比活度①大于$7.4 \times 10^4 Bq/kg$的物品。按其放射性大小细分为一级放射性物品、二级放射性物品和三级放射性物品,如金属铀、六氟化铀、金属钍等
第8类	腐蚀品	腐蚀品 8	指能灼伤人体组织并对金属等物品造成损坏的固体或液体。与皮肤接触在4h内出现可见坏死现象,或在55℃时,对20号钢的表面均匀年腐蚀率超过6.25mm/a的固体或液体。 酸性腐蚀品,如硫酸、硝酸、盐酸、苯酚等; 碱性腐蚀品,如氢氧化钠、氢氧化钾、乙醇钠等; 其他腐蚀品,如亚氯酸钠溶液、氯化铜、氯化锌等

① 放射性比活度,也称比放射性,指放射源的放射性活度与其质量之比,即单位质量产品中所含某种核素的放射性活度。

任务总结

技能点	知识点
➢ 识别实验室中的危险源 ➢ 对实验室危险源采取必要的安全措施	➢ 实验室危险源 ➢ 实验室危险源的危害性

项目一 实验室个人安全防护

思考题

1. 有人对化学品是"谈虎色变",请针对这种现象谈谈个人的看法。
2. 参观实验室药品仓库,将药品仓库化学品按照表1-2-2进行分类。
3. 易燃易爆物质分为哪几类?其危险性如何?
4. 实验室中有哪些危险源?如何控制或防止这些危险源引发危险事故?

任务三　逃生演练

任务准备

案例:2008年11月14日早晨6时10分左右,上海某大学一学生宿舍楼发生火灾,火势迅速蔓延导致烟火过大,在浓烟威胁下,大部分学生采用湿毛巾捂住口鼻、弯腰逃生等方式自救,但仍有个别学生因受不了浓烟的熏呛准备跳楼。危急时刻,在消防队员制止下,这几名学生最终被送至安全地带。火灾事故原因系学生寝室里使用"热得快"引发电器故障,引燃周围可燃物。

据消防专家一线灭火救援经验和从火场搜索被困人员、遇难者的情况分析,许多遇难者不是被明火烧到身体死亡的,而是被高温炙烤或吸入物质燃烧后产生的有毒有害烟雾气体造成窒息而死亡。然而造成死亡的大部分原因是错过了第一逃生时间和不懂正确逃生方法。一般火灾分为四个阶段,即初始阶段、发展阶段、猛烈阶段、下降熄灭阶段。火灾初始阶段也就是逃生的黄金时间,选择正确通道、正确逃生方法逃生,错过了第一时间逃生后果不堪设想。

任务简介

危险情况设想:

××年×月×日,实训楼5楼有机实验室在实验过程中,有机实验室典型烟感报警,楼道里照明失灵,烟雾已在楼道内蔓延,能见度不足5m,房间内已有明火。有机实验室有分析检验班级学生30人在进行实验,需要紧急疏散实验师生。当日指导教师发现火警后,立即向应急救援中心报警并同时上报校领导,开始实施应急处置程序。

任务目标

一、演练目的

(1) 提高师生在化学实验室对突发事件的应急处置能力,确保在突发事件来临时,能有组织、快速、高效、有序地安全疏散,让学生掌握逃生的方法。为进一步提高学生应对各种自然灾害及突发事件的应变能力积累实战经验。

(2) 提高抢险救援现场指挥员的组织能力,小组与小组之间、学生与学生之间突发事件中的配合能力,充分提高学生的整体协作处置能力。

(3) 通过演练活动,培养学生听从指挥、团结互助的职业素养,并从中发现疏散过程中存在的问题,修订、完善应急预案,增强应急预案的实效性、符合性、可操作性。

二、演练目标

(1) 发现着火及时扑灭，将火灾控制在初期阶段；时间控制在 3~5min。

(2) 人员疏散选择正确的逃生通道；火灾最佳逃生时间控制在 90s 内。

(3) 火灾报警的内容：最重要的是沉着镇静地说清火灾初期的情况，包括起火单位名称、地址、起火部位、什么物资着火、有无人员围困、有无有毒或爆炸危险物品等，同时要讲清报警人姓名和电话，以便随时联系。

内容

一、演练单位

有机实验室上课班级。

二、演练人员

有机实验室上课师生 32 人。

三、演练形式、时间及地点

演练为了增强实战性和真实性，现场采用演习烟雾弹模拟火场效果，演习时间由指导教师临时决定。演习地点为实验楼 5 楼有机实验室。

四、基本情况说明

实验楼在校园位置，实验楼楼层分布情况，有机实验室在实验楼 5 楼位置，详细逃生通道情况。消防器材在实验楼楼道分布情况，有机实验室中消防器材分布详细情况。有机实验室中防毒面具、急救箱具等放置位置。有机实验室实验情况，所用化学试剂、仪器等详细信息。

五、演练科目

(1) 应急演练职责的落实。

(2) 应急报告程序演练。

(3) 初期火灾的扑救。

(4) 火灾紧急疏散撤离。

(5) 指挥和信息沟通，报警及警报、信息收集、指令下达、无线有线通信能力等。

六、突发事件的级别

实验楼 5 楼有机实验室发生火灾（化学实验室应急预案）。

七、演练原则

以人为本、疏散为主；统一指挥，共同参与，分工协作；反应迅速，措施得当。

八、组织机构及职责

1. 组织机构

(1) 现场指挥：实验指导教师甲。

(2) 现场副指挥：实验指导教师乙（兼）。

(3) 疏散引导组组长：班长。

成员：学生小组组长。

（4）灭火行动组组长：指导教师乙。

成员：学习委员、课代表等。

（5）通信联络组组长：指导教师甲（兼）。

（6）火场警戒：学生课代表。

2．职责

（1）现场指挥职责

① 平时指导学生灭火和应急疏散的宣传教育、培训演练工作。

② 实训时接到火情报告后，立即了解火灾现场情况。

③ 组织指挥实验室师生进行紧急撤离。

④ 对火势的发展作出准确判断，组织指挥学生利用现有消防器材对着火部位进行扑救。

⑤ 消防队到达现场后，配合做好火灾扑救工作。

⑥ 火灾扑灭后，组织人员对火灾现场进行保护，并配合消防部门做好火灾原因调查。

⑦ 演习结束后，组织学生做好各项恢复工作，保证教学秩序正常进行，并做好逃生演练总结工作。

（2）现场副指挥职责

① 平时配合指导教师甲做好对学生灭火和应急疏散的宣传教育、培训演练工作。

② 实训时接到火情报告后，立即配合现场指挥做好火灾扑救、人员疏散工作。

③ 消防队到达现场后，配合做好火灾扑救工作。

④ 火灾扑灭后，组织人员对火灾现场进行保护，并配合消防部门做好火灾原因调查。

⑤ 演习结束后，配合指导教师甲做好各项恢复工作，保证正常教学秩序，并做好逃生演练总结工作。

（3）疏散引导组职责

① 接到实验室危险信号后，按照现场指挥和疏散引导组组长的指令，迅速组织有机实验室内学生进行疏散。

② 1min 内组织全部人员就近从出口撤离，疏散到指定地点集合。

③ 各疏散引导人员 5min 内完成人员集合并清点人数，将疏散情况上报现场指导教师，防止还有人员留在火灾现场尚未疏散。

④ 对受火灾威胁的危险物品和贵重物品进行转移。

⑤ 执行现场指挥发出的其他指令。

（4）灭火行动组职责

① 接到火警信息后，按照现场指挥和灭火行动组组长的指令，利用火场现有的消防器材、设施对初期火灾进行扑救和控制。

② 负责对火场受伤人员进行救治，并将其转移到安全地点。

③ 执行现场指挥发出的其他指令。

（5）通信联络组职责

① 发现火灾后，及时向应急救援中心报警，拨打"119"电话，同时通知单位领导。

② 拨打"120"，联系当地最近医院对火场受伤人员进行转移救治。

③ 联系学校后勤部门对火场进行断电。

④ 对火场所需物资和人员进行调配。

⑤ 熟练掌握相关抢险救援单位、部门、人员的联系方式。

(6) 火场警戒职责
① 对进入火场的主要路口、通道进行警戒，防止无关人员进入。
② 防止疏散出来的人员再次回到火场。
③ 看守从火场疏散出来的物资，防止丢失和被盗。
④ 火灾扑灭后，对火场进行保护，防止人员对现场破坏，便于消防部门的调查。（演习结束后，对演习现场进行清理）

九、各应急处置小组的行动任务

1. 现场指挥

坚持"救人第一"的思想，立即按照应急处置方案指挥各疏散小组展开行动任务。临时指挥部设在实验楼安全平台。

2. 疏散引导组

（1）将疏散引导人员分成6个小组（每小组4～5人），疏散引导学生就近从安全出口进行疏散。人员疏散完毕后，疏散引导组所有人员在实验楼安全平台集合清点各组学生，防止有人员留在火场，并将疏散引导情况及时上报现场指挥——指导教师。

（2）对受火灾威胁的危险物品和贵重物品进行转移（物资存放地点根据实际情况另设）。

3. 灭火行动组

携带通信工具和湿毛巾，利用有机实验室室内消火栓或灭火器，对实验室内的火势进行扑救和控制。

利用实验楼5楼的灭火器，对有机实验室内的火势进行扑救和控制，防止火焰向周围蔓延。

根据现场指挥的指令，对1名受伤学生进行现场救治转移。

十、注意事项

（1）参加演习学生要服从命令、听从指挥，态度严肃认真，严禁嬉笑打闹。
（2）所有学生要熟悉和明确应急演练方案，疏散路线、疏散目的地，明确逃生演练目的。
（3）在演习中，各组人员要保持通信畅通，人员与人员、各组与各组之间要相互配合。
（4）演练展开后各组要注意沉着冷静、保持秩序，防止混乱现象发生。
（5）参加演习人员熟悉各自的分工和职责，所有设备和器材要按操作规程准确操作。
（6）注意自我保护，防止安全事故发生。

评价表

知识与技能		内容	记录
火场逃生技能		疏散时间	
		相互配合	
		采取措施	
		安全	
教师评语			

知识链接

报火警的方法

（1）除装有自动报警系统的单位可以自动报警外，任何部门和人员发现火灾，应立即向本单位消防控制中心（应急救援消防执勤）报警和"119"消防队报警。

（2）拿起电话拨打"119"，确认对方是不是消防队；报警要沉着冷静，应讲清以下内容（特别是向"119"报警时）：

① 说清起火单位名称、具体地址；

② 说清起火部位，着火物性质和火势发展，是否有人员被困和爆炸、毒气泄漏及其他情况；

③ 留下自己的姓名、电话号码和联系方法；

④ 派人在主要路口迎候消防车。

应急疏散组织措施与基本要求

（1）疏散引导组在发生火灾时，先疏散被火势围困的人员，其次再进行火势周围的物资疏散，同时要注意疏散人员和自己的安全。疏散后的物资要放在不影响消防通道和远离火场的安全地点。

（2）疏散引导人员时要不断用打手势和喊话的方式稳定人员的情绪，维护秩序。如：对周围惊慌失措的人喊"请往那边走，那里安全"，并正确指示疏散方位；或大声呼喊"请跟我走"，带领他们到达安全地带。

（3）引导人员疏散应首先利用距着火部位最近的防烟楼梯，其次利用未被烟火侵袭的普通楼梯，或其他能够回到安全地点的途径，将人流按照快捷合理的疏散路线引导到场外。疏散引导组人员应逐层（逐个房间）检查，以防疏漏人员。

（4）人员疏散的顺序：按照着火层→着火层的上层→着火层的下层的顺序进行。

（5）消防队到达火场后，应听从消防人员的指挥进行疏散工作。

火场逃生基本常识

火场逃生基本常识如下。

（1）火灾来临时迅速逃生，不要贪恋财物。

（2）熟悉掌握逃生路线。

（3）受到火势威胁时，要当机立断披上浸湿的衣物、被褥向安全出口方向冲出去。

（4）穿过浓烟逃生时，要尽量使身体贴近地面，并用毛巾捂住口鼻。

(5) 身上着火，千万不要奔跑，可就地打滚或用厚重衣物压火苗。

(6) 遇火灾不能乘坐电梯。

(7) 灭火时，门窗要慢开，以免空气对流，加速火势蔓延和防止火苗窜出伤人。

(8) 若所有逃生线路被大火封锁，要立即退回室内，用打手电筒、挥舞衣物、呼叫等方式向窗外发送求救信号，等待救援。

(9) 千万不要盲目跳楼，可利用疏散楼梯、阳台、落水管等逃生自救。也可利用绳子，紧拴在窗框、暖气管等固定物上，用毛巾、布条等保护手心，顺绳滑下，或下到未着火的楼层脱离危险。

火灾逃生要诀：熟悉环境，暗记出口。通道出口，畅通无阻。扑灭小火，惠及他人。保持镇静，明辨方向，迅速撤离。不入险地，不贪财物。简易防护，蒙鼻匍匐。善用通道，莫入电梯。缓降逃生，滑绳自救。避难场所，固守待援。缓晃轻抛，寻求援助。火已及身，切勿惊跑。跳楼有术，虽损求生。

通信联络、火场警戒等基本要求

1. 通信联络组

（1）通信联络组接到火警后，立即报警和通知当日值班领导及各行动小组赶赴火灾现场；

（2）根据现场指挥的要求，将供电、供水、所需物资、车辆调配、灭火措施等指令传达到火灾现场的各行动小组；

（3）将火场的进展情况及时反馈，保障火灾现场与外界的信息畅通和寻求相邻单位支援；

（4）拨打120联系距火场最近的医院对现场受伤人员进行转移救治。

2. 火场警戒组

（1）火场警戒组接到火警后，应快速赶到火灾现场，进行现场保护、控制局面，同时控制车辆和无关人员进入火场，并迅速通知有关人员保证火场周围停放的车辆远离火场；

（2）火灾扑灭后，要全面检查现场，消灭遗留火种，并派人保护好火灾现场，等待公安消防部门的监督检查与鉴定，并协助对火灾事故进行调查。

演练与修改方案内容

组织指挥		演练时间	
讲评内容：			
修改内容：			

任务总结

技能点	知识点
➤ 能在实验室危险环境下安全逃生	➤ 能说出在实验室危险环境下正确逃生的方法

思考题

1. 完成逃生演练实训报告。
2. 查找相关网站获得危险环境下正确逃生知识。

项目二

实验室安全防护

项目导入

案例：2005年8月2日某实验室王某、赵某等人在安装高压釜的紧固件和阀门。在前几日拆卸时已将管道内氯硅烷液体放出，为挡灰尘用简易塞将氯硅烷液相管塞住。当时并没有感觉到有压力和液体积存。在安装氯硅烷液相管时，当事人将简易塞拔下的一刹那，突然有一股氯硅烷挥发气体冲出，此时正值王某俯身紧固螺钉，来不及躲闪，正好喷到脸上和两手臂上，将其灼伤，模拟如图2-0-1所示。

图 2-0-1　管道液体喷溅

事故原因分析：这套高压釜反应装置被安置在棚内，当时又正值高温时节，棚内温度超过40℃，管内残留的氯硅烷液体变为气体，产生了一定的压力，拔去塞子时氯硅烷气体就冲了出来。

在实验室工作过程中，使用的化学药品与试剂种类繁多，经常要接触易燃、易爆、有毒、有害等各种危险化学品，同时实验室还存在一定的电气方面的不安全因素，若稍有不慎，就有可能发生事故。化学品灼伤、化学中毒和触电是实验室最常见的安全事故，一旦发生事故，即会造成生命和财产的巨大损失。因此，实验室工作人员不但需要具备非常强烈的安全意识，还必须正确掌握实验室安全事故的预防和应急处理方法，同时注意做好自身安全防护工作，才能尽可能避免和减少伤害。上面的事故就是由于实验室工作人员对于高温对化学试剂可能带来的危险性认识不足，同时又忽视了防护用品的使用造成的。为防范类似安全事故再次发生，应加强实验人员的专业技能知识培训，要求实验人员严格按照操作规程进行化验分析工作。

学习目标

1. 明确化学品灼伤的分类，能对化学品灼伤进行预防，并能对化学品灼伤进行急救处理。
2. 能正确使用防毒面具，对实验室有毒物质能够正确采取防毒防护措施，能识别实验室急性中毒的症状并会进行现场急救。
3. 能在实验室中安全用电，能排查实验室中常见电气故障，会进行触电急救。

工作任务

1. 对化学品灼伤进行预防并会进行化学品灼伤急救。
2. 对实验室有毒物质正确采取防毒防护措施。
3. 在实验室中安全用电并会进行触电急救。

任务活动过程

任务一　化学品灼伤及防护

任务准备

化学品灼伤与一般的烧伤、烫伤不同，其特殊性在于：即使脱离了致伤源，但如果不立即把污染在人体上的腐蚀物除去，这些物质仍会继续腐蚀皮肤和组织。化学物质与组织接触时间越长、浓度越高、处理不当、清洗不彻底、灼伤也越严重。就同等程度的灼伤而言，碱灼伤要比酸灼伤更为严重。因为酸作用于身体组织后，一般能很快使组织蛋白凝固，形成保护膜，阻止酸性物质向深层进展。而当碱与身体组织接触后，碱能与身体组织变成可溶性化合物，尽管灼伤初期可能不严重，但过一段时间后，碱继续向深度及广度扩散，使灼伤面不断加深加大。所以化学品灼伤的紧急处理尤为重要。

任务简介

化学品灼伤是化学实验过程中较为常见的安全事故，是化学物质与人体接触后产生的一系列化学反应性损害。要求实验人员能够对化学品灼伤进行分类，掌握化学品灼伤的防护技术，能够在实验室工作过程中对化学品灼伤进行预防。在实验过程中一旦发生化学品灼伤事故，紧急情况下，实验人员必须首先在实验室进行适当的急救处理，并抓紧时间将被灼伤人员送往医院做进一步治疗，以将伤害减至最小。

任务目标

1. 说出化学品灼伤的分类。
2. 能对化学品灼伤进行预防。
3. 会进行化学品灼伤急救。

> 内容

一、化学品灼伤的分类

化学品灼伤是在化学实验过程中经常出现的安全事故，它主要包括眼睛灼伤和皮肤灼伤。眼睛灼伤是眼内溅入碱金属、溴、磷、浓酸、浓碱等化学品和其他具有刺激性的物质对眼睛造成灼伤；皮肤灼伤有酸灼伤、碱灼伤和溴灼伤，如氢氟酸能腐烂指甲、骨头，滴在皮肤上会形成痛苦的、难以治愈的烧伤，又如被溴灼伤后的伤口一般不易愈合，因此必须严加防范化学品灼伤事故的发生。

二、化学品灼伤的预防

（1）最重要的是保护好眼睛。在实验中根据实际情况配戴防护眼镜（见图2-1-1），防止眼睛受刺激性气体熏染，防止任何化学品特别是强酸、强碱进入眼内。

图 2-1-1　防护眼镜　　　　图 2-1-2　防护手套

（2）禁止用手直接取用任何化学品，使用剧毒药品时除用药匙、量器外必须配戴橡胶手套（见图2-1-2），实验后马上清洗仪器用具，并用肥皂洗手。根据实际情况正确使用防护装备。

（3）尽量避免吸入任何化学品和溶剂蒸气。处理具有刺激性的、恶臭的和有毒的化学品时，如 H_2S、NO_2、Cl_2、Br_2、CO、SO_2、SO_3、HCl、HF、浓硝酸、发烟硫酸、浓盐酸、乙酰氯等，必须在通风橱中进行。通风橱开启后，不要把头伸入通风橱内，并保持实验室通风良好。

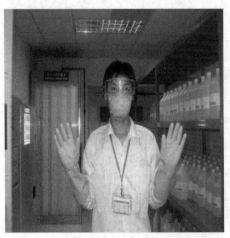

图 2-1-3　简易防护装备

（4）使用有毒化学品时严格遵守操作规范，严禁在酸性介质中使用氰化物。

（5）禁止口吸吸管移取浓酸、浓碱、有毒液体，应该用洗耳球吸取。禁止冒险品尝或用鼻子直接嗅化学品。

（6）不要用乙醇等有机溶剂擦洗溅在皮肤上的化学品，这种做法反而会增加皮肤对化学品的吸收速度。

（7）实验室里禁止吸烟进食，禁止赤膊穿拖鞋。
预防化学品灼伤的简易防护装备如图 2-1-3 所示。

三、化学品灼伤的急救

化学品灼伤事故发生后需在最短时间内进行急救处理（见图 2-1-4 和图 2-1-5）。

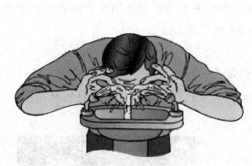

图 2-1-4　化学品灼伤急救处理（Ⅰ）

图 2-1-5　化学品灼伤急救处理（Ⅱ）

1. 眼睛灼伤急救处理

眼内溅入碱金属、溴、磷、浓酸、浓碱或其他刺激性物质，应立即用大量水缓缓彻底冲洗。实验室内应备有专用洗眼水龙头。洗眼时要保持眼皮张开，可由他人帮助翻开眼睑，持续冲洗 15min，边冲洗边转动眼球。忌用稀酸中和溅入眼内的碱性物质，反之亦然。冲洗完毕后盖上干净的纱布迅速送往医院眼科做进一步处理，并切记不要紧闭双眼，不要用手使劲揉眼睛。若无冲洗设备或无他人协助冲洗时，可将头浸入脸盆或水桶中，努力睁大眼睛（或用手拉开眼皮），浸泡十几分钟，同样可达到冲洗的目的。

2. 皮肤灼伤急救处理

发生化学灼伤事故，首先要立即脱去被污染的衣物、鞋袜，随后用大量清水冲洗创面 15～20min（见图 2-1-6）。冲洗抢救如同救火，一定要争分夺秒，在事故发生后最短时间内（最好 1～2min）务必进行冲洗，以使伤害减至最低。有条件时边冲洗边用 pH 试纸不断测定创面的酸碱度，一直冲洗到中性（pH＝7）。需注意发生干石灰或浓硫酸灼伤时，不得先用水冲洗。因它们遇水反而放出大量的热，会加重伤势。可先用干布（纱布或棉布）擦拭干净后，再用清水冲洗。

图 2-1-6　皮肤灼伤急救处理

（1）酸灼伤　先用大量水冲洗，再用稀 $NaHCO_3$ 溶液或稀氨水浸洗，最后用水洗。皮肤若被氢氟酸灼烧后，应先用大量水冲洗 20min 以上，再用饱和硫酸镁溶液或 70％酒精浸洗；或用肥皂水或 2％～5％$NaHCO_3$ 溶液浸洗。局部外用可的松软膏或紫草油软膏及硫酸镁糊剂。

（2）碱灼伤　先用大量水冲洗，再用 1％硼酸溶液或 2％醋酸溶液浸洗，最后用水洗。

（3）溴灼伤　凡用溴时都必须预先配制好适量的 20％$Na_2S_2O_3$ 溶液备用。一旦有溴沾到皮肤上，立即用 $Na_2S_2O_3$ 溶液冲洗，再用大量水冲洗干净，包上消毒纱布后迅速就医。

在受上述灼伤后，若创面起水泡，均不宜把水泡挑破。

急救安全提示

（1）所有化学灼伤的救助过程中，眼睛仍然是优先救助对象（见图 2-1-7）。

（2）化学灼伤必须在现场作紧急处理，切忌未经任何处理就送医院，以免耽误了最佳的救治时机（见图 2-1-8）。

　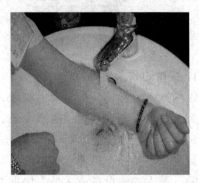

图 2-1-7　眼睛灼伤优先紧急处理　　　图 2-1-8　化学品灼伤现场紧急处理

评价表

知识与技能	内容	记录
能对化学品灼伤进行预防	防护措施	
	规范操作	
会进行化学品灼伤现场急救	眼睛灼伤	
	皮肤灼伤	
教师评语		

　知识链接

化学品灼伤急救方法

1. 强酸类灼伤的急救方法

（1）立即脱除受污衣物，用大量清水冲洗伤处。

（2）强酸灼伤用 5％碳酸氢钠溶液涂洗伤处。硝酸灼伤用硼酸漂白粉溶液涂洗。苯酚灼伤需立即用肥皂和水清洗，但切勿用酒精。乙醇可溶解苯酚，扩大接触面，增加皮肤吸收，甚至可由此而引起死亡。铬酸灼伤可用硫化铵溶液或 5％硫代硫酸钠溶液涂洗。

（3）用大量清水洗净伤处后，再按一般烧伤治疗。

2. 强碱类灼伤的急救方法

如氢氧化钠、氢氧化钾等引起的灼伤。

（1）立即脱除受污衣物，用大量清水冲洗伤处。

（2）用2%～10%柠檬酸溶液、2%～3%醋酸溶液或5%氯化铵溶液涂洗伤处。

（3）用大量清水洗净伤处后，再按一般烧伤治疗。

注意事项：

（1）面部宜使用5%氯化铵溶液涂洗。

（2）创面小疱皮应移除，以免所含碱液加剧损伤。

（3）氧化钙灼伤者，应先清除药品粉末，再用清水洗。

3. 黄磷灼伤的急救方法

（1）用大量清水冲洗，包扎湿布，以隔绝空气，防止继续侵害皮肤。

（2）用2%硫酸铜溶液或3%硝酸银溶液轻抹创面，去掉所形成的黑色磷化铜。

（3）清除沾在身上的磷屑（黄磷在暗处能发光，宜在暗处进行）。

（4）伤面用浸有5%碳酸氢钠溶液的纱布条湿敷2h。

（5）用干纱布包扎伤处。

注意事项：

（1）不得使用软膏或油脂类敷料涂敷伤处，否则磷屑溶入油料中，可加重伤情。

（2）也可用3%过氧化氢溶液，5%碳酸氢钠溶液冲洗伤处。冲洗后，用湿布覆盖创面，以隔绝空气。

（3）硫酸铜用量应少，以免硫酸铜吸收引起铜中毒。可用生理盐水将创面上的硫酸铜冲去。

任务总结

技能点	知识点
➤ 化学品灼伤预防	➤ 化学品灼伤分类
➤ 化学品灼伤现场急救	➤ 实验室化学品灼伤急救方法

思考题

1. 化学品灼伤分为哪几类？
2. 如何对化学品灼伤进行预防？
3. 化学品灼伤的急救措施有哪些？

任务二　实验室常见中毒的急救

任务准备

毒物是可使人体受害引起中毒的外来物质，有的毒物只要几十毫克就可以使人中毒，称为"剧毒"物质。有的需几克或几十克使人中毒称为"中度毒物"，或"低毒"物质。大部分毒物是在生产和实验过程中，经过呼吸，侵入消化道，还有些毒物透过皮肤、黏膜使人中毒。实验室中常见的毒物有硫酸烟雾、盐酸蒸气、硝酸或氮的氧化物、硫化氢、一氧化碳、氨、溴和汞的蒸气等，其中以硫化氢和一氧化碳毒性最强。毒物从皮肤、消化道或呼吸道吸收以后，逐渐侵入血管而分布于身体的某些部位，因此中毒都比较迅速。毒物吸入人体后，在体内与新陈代谢的各种产物急剧化合，使人发生不同程度的中毒症状，甚至死亡。

任务简介

在实验室工作中接触到的化学品，很多是对人体有毒的。实验人员在使用有毒化学品进行的实验操作中务必提高自我防护意识，同时掌握正确使用防毒面具和其他防护用品及设施的方法，了解毒物性质及侵入人体途径并能够对有毒化学品正确采取防毒防护措施。在实验室发生中毒时，必须采取紧急措施，相关人员需要在现场正确识别中毒症状并对中毒人员进行急救处理，同时抓紧时间送往医院医治。

任务目标

1. 会使用防毒面具。
2. 会采取防毒防护措施。
3. 能够对急性中毒进行简单现场急救。

内容

一、防毒面具的使用方法

防毒面具（见图 2-2-1）作为个人防护器材，用于对实验人员的呼吸器官、眼睛及面部皮肤提供有效防护。面具由面罩、导气管和滤毒罐（见图 2-2-2）组成，面罩可直接与滤毒罐或滤毒盒连接使用，称为直连式；或者用导气管与滤毒罐或滤毒盒连接使用，称为导管式。防毒面罩可以根据防护要求选用适合型号的滤毒罐，应用在各种有毒、有害的作业环境中。

图 2-2-1　防毒面具面罩

图 2-2-2　小型滤毒罐

1. 防毒面具使用前检查

（1）使用前需检查面具是否有裂痕、破口，确保面具与脸部贴合密封性良好；

(2) 检查呼气阀片有无变形、破裂及裂缝;

(3) 检查头带是否有弹性;

(4) 检查滤毒盒座密封圈是否完好;

(5) 检查滤毒罐和滤毒盒是否在有效期内。

2. 防毒面具佩戴说明

(1) 将面具盖住口鼻,然后将头带框套拉至头顶;

(2) 用双手将下面的头带拉向颈后,然后扣住;

(3) 风干的面具请仔细检查连接部位及呼气阀、吸气阀的密合性,并将面具放于洁净的地方以便下次使用。

3. 使用后保养

使用后面罩清洗时请不要用有机溶液清洗剂进行清洗,否则会降低使用效果。要用酒精或0.5%高锰酸钾溶液擦洗,然后放阴凉处晾干,用滑石粉保养。滤毒罐使用后应立即用原密封端盖密封好,存放在低温、干燥、通风且远离可能被污染的地方。

二、防毒防护措施

1. 实验室常见毒物进入人体的途径

实验室常见毒物进入人体主要有三条途径(见图2-2-3):通过呼吸道吸入有毒的气体、粉尘或烟雾而中毒;通过消化道误服而中毒;通过皮肤接触而中毒。

图 2-2-3 实验室常见毒物进入人体的途径

(1) 实验中接触到的对人体有毒的某些气体、蒸气、烟雾及粉尘等能够通过呼吸道进入人体,如 CO、HCN、Cl_2、酸雾、NH_3 等。

(2) 有些则可经未洗净的手,在饮水、进食时经消化道进入人体,如氰化物、汞盐、砷化物等。

(3) 有些是通过触及皮肤及五官黏膜而进入人体,如汞、SO_2、SO_3、氮的氧化物、苯胺等。

(4) 有些化学品可由几种途径同时进入人体。

有些毒物进入人体会出现急性中毒症状,有些毒物对人体的毒害可能是慢性的、积累性的,例如汞、砷、铅、苯、酚、卤代烃等,当它们起初进入人体时,量很少,症状不明显,往往被忽视,直到长期接触以后,才出现中毒的症状,因此必须加以足够的重视。

2. 实验室采用的防毒防护措施

(1) 实验前,应了解所用化学品的毒性及防护措施,提高安全防护意识。

(2) 操作有毒气体(如 H_2S、Cl_2、Br_2、NO_2、浓 HCl 和 HF 等)应在通风橱内进行。

(3) 苯、四氯化碳、乙醚、硝基苯等物质的蒸气会引起中毒。它们一般具有特殊气味,久嗅会使人嗅觉减弱，应在通风良好的情况下使用。

（4）有些化学品如苯、有机溶剂、汞等能透过皮肤进入人体，应避免与皮肤接触。

（5）氰化物、高汞盐［$HgCl_2$、$Hg(NO_3)_2$ 等］、可溶性钡盐（$BaCl_2$）、重金属盐（如镉盐、铅盐）、三氧化二砷等剧毒药品，应妥善保管，使用时要特别小心。

（6）禁止在实验室内喝水、吃东西。饮食用具不要带进实验室，以防毒物污染，离开实验室前要洗净双手。

三、实验室急性中毒事故及救护方法

为减少化学毒物引起的中毒事故，实验人员应了解毒物性质、侵入途径、中毒症状和急救方法。一旦发生急性中毒事故，能争分夺秒地采取正确的救护措施，力求在毒物被身体吸收之前实现急救，使毒物对人体的损伤减至最小。

实验室急性中毒出现的症状不同，要注意依据毒物性质进行区分。例如氰化物急性中毒出现胸闷、头痛、呕吐、呼吸困难和昏迷症状；甲醇急性中毒出现神经衰弱、视力模糊以及酸中毒症状；汞急性中毒出现恶心、呕吐、腹痛、腹泻、全身衰弱、尿少或尿闭等症状。

实验室急性中毒常用的救护方法有以下几种：

（1）对于急性中毒者的抢救，主要是在送往医院或医生来到之前，立即将中毒者从中毒区域救出，并设法排除其体内的毒物。将中毒者移离中毒现场，至空气新鲜场所给予吸氧，脱除污染的衣物，用流动清水及时冲洗皮肤，对于可能引起化学性灼伤或能经皮肤吸收中毒的部分更要充分冲洗，时间一般不少于 20min，并考虑选择适当中和剂做中和处理。眼睛有毒物溅入或引起灼伤时要优先迅速冲洗。

（2）必须保护中毒者的呼吸道通畅，防止梗阻。密切观察中毒者意识、瞳孔、血压、呼吸、脉搏等生命体征，发现异常立即处理。

（3）有毒气体中毒时，应将中毒者移至空气流通的地方，进行人工呼吸，输氧；若二氧化硫、氯气刺激眼部，用 2%～3% $NaHCO_3$ 溶液充分洗涤；咽喉中毒用 2%～3% $NaHCO_3$ 溶液漱口，并饮牛奶或 1.5% 的氧化镁悬浮液。

（4）误食毒物时应立即给中毒者服下催吐剂，如肥皂水、芥末和水、面粉和水、鸡蛋白、牛奶和食用油等，然后用手指伸入喉部使其引起呕吐。对磷中毒者不能喝牛奶，可用 5～10mL 的硫酸铜溶液加入 1 杯温水后内服，以促使其呕吐，然后送医院治疗。

（5）有毒物质落在皮肤上，可参照化学灼伤的处理方法予以处理后送医院治疗。

评价表

知识与技能	内容	记录
会使用防毒面具	防毒面具的使用方法	
会采取防毒防护措施	明确实验室常见毒物进入人体的途径	
	实验室采用的防毒防护措施	
能够对急性中毒事故进行简单现场急救	实验室急性中毒症状	
	实验室中毒常用急救方法	
教师评语		

 **知识链接**

防毒面具使用注意事项

(1) 过滤式防毒面具只能在空气中有毒气体浓度小于2%,氧气浓度大于18%的情况下使用。

(2) 各种过滤式防毒面具只能专防专用,不同型号滤毒罐只能防其对应的有毒气体,要防止错用。

(3) 使用过滤式防毒面具,必须严格执行"一开,二看,三戴"的规定。一开:打开滤毒罐底部胶塞;二看:查看滤毒罐、面罩无缺陷;三戴:戴上面罩,呼吸畅通,确认完好,方准使用。

(4) 使用中若感觉呼吸困难,或自我感觉不适时,应立即退出毒区,更换面具。严禁在毒区内摘掉面罩。

(5) 过滤式防毒面具禁止在塔罐容器等密闭设备内使用。

(6) 使用滤毒罐须将使用人姓名、使用日期、使用毒气名称和在毒气中停留的时间等做好详细记录。

(7) 滤毒罐暴漏、浸水或过了保质期等情况发生将失去防毒性能,失效的滤毒罐应及时处理严禁继续使用。

 任务总结

技能点	知识点
➢ 防毒面具使用 ➢ 防毒防护措施应用 ➢ 急性中毒事故简单现场急救	➢ 防毒面具使用方法 ➢ 实验室急性中毒常用救护方法

思考题

1. 如何使用防毒面具?
2. 实验室常见毒物进入人体的途径有哪几种?
3. 在实验室采用的防毒防护措施有哪些?
4. 请简述实验室中毒常用急救方法。

任务三 电气安全防护

任务准备

实验室电气系统的特点和危险因素

(1) 用电器具分散、运行时间不固定,容易造成负荷不均衡、用电器具之间相互干扰甚至发生局部线路超负荷情况。

(2) 实验仪器在实验中可能带水运行,容易因潮湿引起漏电。

（3）多数的用电实验装置是移动式设备，采用插头、插座进行临时接插连接，电器插头、插座之间容易发生接触不良，导致发热或产生电火花。

（4）移动式用电器具线路容易发生交叉干扰。

（5）在腐蚀环境中使用的电器及线路容易被腐蚀，形成危险因素。

（6）某些"开放式"电器，容易产生人身直接接触带电体从而导致触电事故发生。

任务简介

在实验室使用各种电器设备时，要注意安全用电，以避免触电事故发生。实验室工作人员必须严格遵照安全用电基本守则，同时掌握排查实验室中常见电气故障的方法。发生触电事故，千万不要惊慌失措，必须在注意保护施救人员自身安全的情况下用最快的速度使触电者脱离电源，脱离电源后迅速进行触电急救，并及时拨打"120"呼叫救护车，将触电者尽快送往医院，途中应继续施救。

任务目标

1. 会在实验室中安全用电。
2. 能排查实验室中常见电气故障。
3. 会进行触电急救。

内容

一、实验室安全用电常识

为了确保在实验室工作中不致受电气的危害，实验室工作人员必须遵照如下安全用电基本守则。

（1）严格遵守电气设备使用规程，不得超负荷用电，实验室内不允许乱拉乱接电线（见图 2-3-1）。

（2）使用电气设备时，必须检查无误后才可开始操作。

（3）开关电气开关，要使用绝缘手柄，动作要迅速、果断和彻底，以避免形成电弧或火花，及造成电灼伤。

（4）实验过程中若发生停电，应关闭一切电器，只开一盏检查灯。恢复供电后，再按规定进行必要的检查，之后才能重新送电进行实验工作。

（5）需要使用高压电源时（如电气击穿试验等），要按规定穿戴绝缘手套、绝缘靴，并站在橡胶绝缘垫上，用专用工具操作。

（6）所有电气设备和辅助设施，不得私自拆动、改装、改接或修理。

（7）室内有可燃气体或蒸气时，禁止开、关电器，以免发生电火花而引起爆炸、燃烧事故。

（8）定期检查漏电保护开关，确保其灵活可靠。

（9）电气开关箱内，不准放置杂物，并定期进行

图 2-3-1　实验室内不允许乱拉乱接电线

清洁。禁止用金属柄刷子或湿布清洁电气开关。

（10）若发现有人员触电，应立即切断相关电源，并迅速抢救。

（11）每天的实验工作结束后，应切断电源总开关。

二、实验室中常见电气故障的排查

（1）要经常检查电线、开关、插头和一切器用具是否完整，有无漏电、受潮、霉烂等情况见图 2-3-2。

（2）线路及电器接线必须保持干燥和绝缘，不得有裸露线路，若发现电线的绝缘皮剥落，要及时更换新线或者用绝缘胶布包好，以防漏电及伤人。

（3）发生电气开关跳闸、漏电保护开关开路、保险丝熔断等现象，应首先检查线路系统，消除故障，并确证电器正常无损后，再按规定恢复线路、更换保险丝，重新投入运行。

（4）检查所有电器的金属外壳确保其保护接地，使实验室内的明、暗插座距地面的高度不应低于 0.3m。

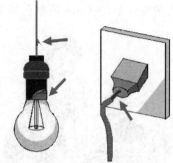

图 2-3-2　及时排查防止绝缘皮部分破损

（5）使用的保险丝要与实验室允许的用电量相符，电线的安全通电量应大于用电功率，电器接触点（如电器插头）接触不良时，应及时修理或更换，防止引起火灾。

（6）检查线路中各接点是否牢固，避免电路元件两端接头互相接触，防止电线、电器被水淋湿或浸在导电液体中，以防短路（见图 2-3-3）。

图 2-3-3　防止电器浸水短路

（7）电器仪表使用之前要检查线路连接是否正确。经检查确认无误后方可接通电源。

（8）在电器仪表使用过程中若出现异常，如发现有不正常声响，电器或线路过热局部升温，嗅到绝缘漆过热产生的焦味，设备外壳或手持部位有麻电感觉，开机或使用中熔断丝烧断，机内打火出现烟雾，仪表指示超出正常范围，均应立即切断电源，并对设备进行检修。

三、触电急救方法

电流对人体的损伤主要是电热所致的灼伤和强烈的肌肉痉挛，这会影响到呼吸中枢及心脏，引起呼吸抑制或心跳骤停，严重电击伤可致残，甚至直接危及生命。发生触电事故，必须用最快的速度使触电者脱离电源，但要注意当触电者未脱离电源前本身就是带电体，同样会使抢救者触电。

脱离电源最有效的措施是拉闸或拔出电源插头。如果一时找不到或来不及找的情况下可用绝缘物（如带绝缘柄的工具、木棒、塑料管等）移开或切断电源线。关键是：一要快，二要不使自己触电。一两秒的迟缓都可能造成无可挽救的后果。

事故发生后的 4min 是救援最关键时间，很多触电者施救及时是可以救活的。脱离电源后如果病人呼吸、心跳尚存，应尽快送医院抢救。若心跳停止应采用人工心脏按压法维持血液循环；若呼吸停止应立即做口对口的人工呼吸。若心跳、呼吸全停，则应同时采用上述两个方法，并向医院告急求救。

触电急救（见图 2-3-4）具体操作步骤如下。

（1）要使触电者迅速脱离电源，应立即拉下电源开关或拔掉电源插头，若无法及时找到或断开电源开关时，可用干燥的竹竿、木棒等绝缘物挑开电线。

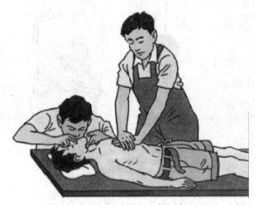

图 2-3-4　触电急救处理

（2）将脱离电源的触电者迅速移至通风干燥处仰卧，将其上衣和裤带放松，保持呼吸道畅通，观察触电者有无意识和呼吸，摸一摸颈动脉有无搏动。

（3）胸外心脏按压术：在触电者胸骨中下 1/3 处，救助者双手手指交叉、掌根重叠、垂直向下、平稳有节奏地用力按压，按压频率为 100 次/min。

（4）口对口人工呼吸：捏住触电者鼻子，往嘴里吹 2 次气（以后每 5s 吹气 1 次），待触电者胸部胀起后松开，让其自然呼出。

（5）及时打电话"120"呼叫救护车，将触电者尽快送往医院，途中应继续施救。

评价表

知识与技能	内容	记录
会在实验室中安全用电	记住实验室安全用电常识	
	能够在实验室中安全用电	
能排查实验室中常见电气故障	明确实验室中常见电气故障	
	掌握排查实验室中常见电气故障方法	
会进行触电急救	掌握触电急救方法	
教师评语		

知识链接

触电的概念和形式

1. 触电的概念

当人体触及带电体，或带电体与人体之间由于距离近电压高产生闪击放电，或电弧烧伤人体表面对人体所造成的伤害都叫触电。触电分电击、电伤两种。所谓电击是电流通过人体内部造成的伤害；所谓电伤是由于电流的热效应、机械效应、化学效应对人体外部造成伤害，如电弧烧伤、电烙印、皮肤金属化等。最危险的触电是电击，绝大多数触电死亡事故是由电击造成的。

2. 触电的形式

（1）单相触电　当人体直接碰触带电设备或带电导线其中的一相时，电流通过人体流入大地，这种触电称为单相触电。有时对于高压带电体，人体虽未直接接触，但由于高电压超过了安全距离，高压带电体对人体放电，造成单相接地而引起的触电，也属于单相触电。单相电路中的电源相线与零线（或大地）之间的电压是 220V，则加在人体上的电压约是 220V，这远高于 36V 的安全电压，这时电流就通过人体流入大地而发生单相触电事故。

（2）双相触电　人体同时接触带电设备或带电导线其中两相时，或在高压系统中，人体同时接近不同相的两相带电导体，而发生闪击放电电流通过人体从某一相流入另一相，此种触电称为两相触电。这类事故多发生在带电检修或安装电气设备时。

（3）跨步电压触电　当电气设备发生接地短路故障时或电力线路断落接地时，电流经大地流走，这时，接地中心附近的地面存在不同的电位。此时人若在接地短路点周围行走，人两脚间（按正常人 0.8m 跨距考虑）的电位差叫跨步电压。由跨步电压引起的触电叫跨步电压触电。人与接地短路点越近，跨步电压触电越严重。

（4）间接触电　所谓间接触电是指由于事故使正常情况下不带电的电气设备金属外壳带电，致使人们触电叫间接触电。另外，由于导线漏电触碰金属物（如管道、金属容器等），使金属物带电而使人触电，也称间接触电。

 任务总结

技能点	知识点
➢ 实验室安全用电	➢ 实验室安全用电常识
➢ 实验室中常见电气故障排查	➢ 实验室常见电气故障排查方法
➢ 触电急救	➢ 触电急救方法

思考题

1. 说出实验室安全用电基本守则。
2. 如何对实验室中常见电气故障进行排查？
3. 触电急救中如何使触电者脱离电源？
4. 如何区分电击和电伤？

项目三

实验室火灾防护

项目导入

案例一：2006 年 3 月 15 日上海某大学化工实验楼六楼一实验室内突发爆炸，放置室内的试剂、容器等相继发生连锁爆炸，所幸校方及消防部门扑救及时，没有造成人员伤亡。事故中，实验室窗户被炸碎，天花板也被烈火熏烧成漆黑一片。事故原因：位于该楼 602 实验室有实验员在进行实验操作，期间弥散在空气中的混合气体可能和放置在实验室内的一台冰箱制冷设施发生反应，引起冰箱发生爆炸。存放在实验室内的众多试剂、化学品容器等受到波及，相继发生连环爆炸，并引燃实验室中可燃物品燃烧。

案例二：2015 年 7 月 8 日晚，杭州某高校实验室发生爆炸，并且引发了火灾（见图 3-0-1）。因为正值暑期放假，而且扑救及时，所以并没有造成人员伤亡。据了解，起火建筑为 5 层钢筋混凝土结构，起火部位位于一层西北面有机化学物品仓库，火灾过火面积约 $10m^2$。

图 3-0-1 杭州某高校一实验室爆炸起火现场

事故原因：有机化学品仓库高温自燃，继而发生爆炸。燃烧物质为醇类、酮类、酯类、有机酸、香精等有机化学物品。

学习目标

1. 会对实验室不同火灾类型，采取不同防护措施。
2. 会选择使用简易式灭火器灭火。
3. 实验室发生化学物质火灾，能选择使用灭火器具灭火。

工作任务

1. 实验室不同火灾类型采取不同防护措施；
2. 会用实验室简易式灭火器；
3. 操作灭火器扑救实验室初起火灾。

任务活动过程

任务一　实验室火灾类型分析

任务准备

某实验室做润滑油开口闪点❶分析，当班化验员做实验时加热速度过快，使润滑油很快达到燃烧温度，遇火发生爆炸。化验员当时慌了手脚，仅仅大声喊叫，却没有使用旁边的灭火器灭火，结果在通风橱风力作用下，火焰更大、烟雾弥漫，其他人听到喊叫声冲进化验室，及时用灭火器将大火扑灭。灭火后发现整个木制通风橱被烧得面目全非，玻璃都被烧变了形。

事故原因：事故现场升温速度过快，化验员经验少，发生事故慌做一团，放在附近的灭火器忘记使用，主要原因是平常演习次数少，遇事不冷静。

火灾的初起阶段，点火面积较小，燃烧范围不大，产生的热量也不多，是扑救火灾的最佳时机，往往用一两具简易灭火器材就能有效扑灭火灾。而简易灭火器材种类很多，用途很广，就地取材，使用方便，能有效防止灾害发生。

任务简介

实验过程中小范围起火时，应立即用湿石棉布或湿抹布扑灭明火，并拔去电源插头，关闭总电闸、煤气阀。易燃化学品（多为有机物）着火时，切不可用水去浇。范围较大的火情，应立即用消防砂、泡沫灭火器或干粉灭火器来扑灭。精密仪器起火，应用四氯化碳灭火器。实验室起火，不宜用水扑救。

在实验室特别是化学实验室起火时，应事先作起火分析，并将实验过程的各个系统隔开。

任务目标

1. 会分析实验室火灾类型；

---

❶ 闪点就是可燃性液体或固体能放出足量的蒸气并在所用容器内的液体或固体表面处与空气组成可燃混合物的最低温度。开口闪点即用规定的开口闪点测定器所测得的闪点，以℃表示。常用于测定润滑油。

2. 会对实验室不同类型火灾采取不同防护措施。

内容

一、实验室火灾类型

1. 电气设备引起火灾

电气火灾一般是指由于电气线路、用电设备、器具以及供配电设备出现故障性释放的热能（如高温、电弧、电火花）以及非故障性释放的能量（如电热器具的炽热表面，在具备燃烧条件下引燃本体或其他可燃物而造成的火灾），也包括由雷电和静电引起的火灾。化学实验室大量使用各类电气设备，电气设备发生过载、短路、断线、接点松动、接触不良、绝缘下降等故障会产生电热和电火花，引燃周围的可燃物。

2. 易燃易爆危险品自燃

在化学实验中，各种化学危险物品使用极为普遍，种类繁多。这些物品性质活泼，稳定性差；有的易燃，有的易爆，有的自燃，有的性质抵触相互接触即能发生着火或爆炸，在储存和使用中，稍有不慎，就可能酿成火灾事故。易燃易爆危险化学品都有明显标识、安全措施及灭火要求（见图 3-1-1）。实验室中有的易燃易爆危险品本身有毒，有的燃烧时能分解产生刺激性气体或剧毒气体，均威胁实验人员的安全。表 3-1-1 中列出了实验室中易燃易爆危险品的特点及危害。

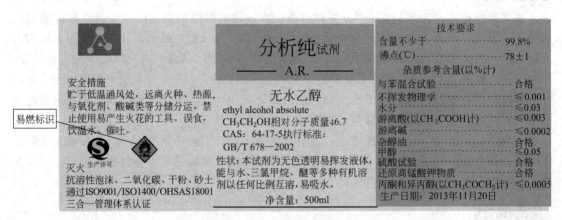

图 3-1-1 易燃试剂标签

表 3-1-1 实验室中易燃易爆危险品的特点及危害

类别	特点	危害性
易燃固体	燃点低，对热、撞击、摩擦敏感，易被外部火源点燃，迅速燃烧，能散发有毒烟雾或有毒气体	燃点低，易点燃； 遇酸、氧化剂易燃易爆； 本身或燃烧产物有毒； 自燃性
自燃物品	自燃点低，在空气中易于发生氧化反应放出热量，而自行燃烧	遇空气自燃性； 遇湿易燃易爆性； 积热自燃性
遇湿易燃物品	遇水或受潮时，发生剧烈化学反应，放出大量易燃气体和热量	遇水易燃易爆性； 遇氧化剂、酸着火爆炸性； 自燃危险性； 毒害性和腐蚀性

3. 违规操作引起火灾

在实验中用火、用电、用危险物品时，若违反规程规定，也能引起火灾。如有电感的实验设备在使用时用物品覆盖在散热孔上，使设备聚热，导致设备燃烧；用火时，周围的可燃物未清理完，火星飞到可燃物上引起燃烧；化学实验时，将相互抵触的化学试剂混在一起，试验温度过高或操作不当，也能引起火灾事故。特别不按操作规程实验极易发生火灾事故。

实验室里常使用煤气灯、酒精灯或酒精喷灯、电烘箱、电炉、电烙铁等加热设备和器具，增大了实验室的火灾危险性。煤气灯加热过程中，若煤气漏气，易与空气形成爆炸性混合物。酒精则易挥发、易燃，其蒸气在空气中能爆炸。电烘箱若运行时间长，易出现控制系统故障，发热量增多，温度升高，造成设备故障引起火灾，如图 3-1-2 中违规使用酒精灯极易引起实验室火灾。酒精灯点火正确的操作应用火柴点火，灭火应用酒精灯帽盖灭，如图 3-1-3 所示。

图 3-1-2　违规使用酒精灯　　　　　图 3-1-3　正确使用酒精灯

二、实验室火灾产生原因

1. 电气设备引起火灾

电气火灾主要包括以下四个方面。

（1）漏电火灾　　所谓漏电，就是线路的某一个地方因为某种原因（自然原因或人为原因，如风吹雨打、潮湿、高温、碰压、划破、摩擦、腐蚀等）使电线的绝缘或支架材料的绝缘能力下降，导致电线与电线之间（通过损坏的绝缘、支架等）、导线与大地之间（电线通过水泥墙壁的钢筋、马口铁皮等）有一部分电流通过，这种现象就是漏电。

当漏电发生时，漏泄的电流在流入大地途中，如遇电阻较大的部位时，会产生局部高温，致使附近的可燃物着火，从而引起火灾。此外，在漏电点产生的漏电火花，同样也会引起火灾。

（2）短路火灾　　电气线路中的裸导线或绝缘导线的绝缘体破损后，火线与零线，或火线与地线在某一点碰在一起，引起电流突然大量增加的现象就叫短路，俗称碰线、混线或连电。

由于短路时电阻突然减少，电流突然增大，其瞬间的发热量也很大，大大超过了线路正常工作时的发热量，并在短路点易产生强烈的火花和电弧，不仅能使绝缘层迅速燃烧，而且能使金属熔化，引起附近的易燃可燃物燃烧，造成火灾。

（3）过负荷火灾　　所谓过负荷是指当导线中通过电流量超过了安全载流量时，导线的温度不断升高，这种现象就叫导线过负荷。

当导线过负荷时，加快了导线绝缘层老化变质。当严重过负荷时，导线的温度会不断升高，甚至会引起导线的绝缘发生燃烧，并能引燃导线附近的可燃物，从而造成火灾。

（4）接触电阻过大火灾　　凡是导线与导线、导线与开关、熔断器、仪表、电气设备等连接的地方都有接头，在接头的接触面上形成的电阻称为接触电阻。当有电流通过接头时会发热，这是正常现象。如果接头处理良好，接触电阻不大，则接头点的发热就很少，可以保持正常温度。如果接头中有杂质，连接不牢靠或其他原因使接头接触不良，造成接触部位的局部电阻过大，当电流通过接头时，就会在此处产生大量的热，形成高温，这种现象就是接触电阻过大。

在有较大电流通过的电气线路上，如果在某处出现接触电阻过大这种现象时，就会在接触电阻过大的局部范围内产生极大的热量，使金属变色甚至熔化，引起导线的绝缘层发生燃烧，并引燃烧附近的可燃物或导线上积落的粉尘、纤维等，从而造成火灾。

2. 易燃易爆危险化学品引起火灾

（1）着火源控制不严；
（2）危险化学品存放不符合要求，性质相抵触的物品混存；
（3）试剂变质，包装、标签损坏或不符合要求；
（4）着火扑救不当；
（5）静电导除不及时或雷击。

3. 违规操作引起火灾

化学实验室经常进行的蒸馏、回流、萃取、重结晶、化学反应等典型操作，都以危险性大为重要特点。若操作者没有经验，工作前没准备，操作不熟练或违反操作规则，不听劝阻或指导，未经批准擅自操作等，均易诱发火灾爆炸事故。

评价表

知识与技能	内容	记录
实验室火灾类型	电气设备引起火灾	
	易燃易爆危险品自燃	
	违规操作引起火灾	
实验室火灾产生原因	电气设备引起火灾	
	易燃易爆危险化学品引起火灾	
	违规操作引起火灾	
教师评语		

 知识链接

实验室常用简易灭火工具的种类

1. 黄沙

图 3-1-4 为实验室灭火用黄沙箱，图 3-1-5 为实验室常见消防桶。

图 3-1-4　灭火黄沙箱　　　　　　　　图 3-1-5　灭火消防桶

案例：熊熊"镁"焰，小小黄沙来淹灭。某工厂仓库堆放的镁粉被燃着了，隔壁就是化学药品仓库，如果不及时扑灭，势必要发生更大的火灾。保管员小张用二氧化碳灭火器去灭火，不但没把火扑灭，反而着得更旺，用水浇也无济于事。最后还是由有经验的消防队员用很普通的方法把火扑灭，避免了一场重大的火灾发生。想一想，消防队员是用什么方法把火扑灭的？

分析：当金属镁着火时，为什么不能用二氧化碳灭火器？虽然二氧化碳隔绝了可燃物与空气，但是，二氧化碳却和金属镁发生反应，生成氧化镁和单质炭，化学反应式：

$$2Mg+CO_2 =\!=\!= 2MgO+C（反应条件为点燃）$$

生成的单质炭可以作为燃料继续燃烧，反而火势更大，用二氧化碳灭火器或水灭火无异于火上浇油。

消防员用小小一把黄沙就把镁火淹灭了。用黄沙来灭火的原理，就是隔绝可燃物与外界的空气，使火熄灭。而黄沙又不似以上提到的二氧化碳和水，不会在高温下与镁生成可燃物质，所以能将燃烧的镁扑灭。

2. 灭火毯

灭火毯（见图3-1-6）又称灭火被、防火毯、消防被、消防毯、阻燃毯、逃生毯，是由玻璃纤维等材料经过特殊处理编织而成的织物，有斜纹、缎纹、平纹，织物如绸缎一样光滑、柔软、紧密，而且不刺激皮肤。灭火毯对于须远离热源体的人、物是一个最理想和有效的外保护层，并且非常容易包裹表面凹凸不平的物体，在无破损的情况下可重复使用，与水基型、干粉灭火器具相比较：没有失效期，在使用后不会产生二次污染，绝缘、耐高温。

图3-1-6　灭火毯

在起火初期，将灭火毯直接覆盖住火源，火源可在短时间内扑灭。在发生火灾时，将灭火毯披盖在自己身体或包裹住被救对象的身体，迅速逃离火场，为自救或安全疏散人群提供了很好的帮助。灭火毯还可以用来保暖。

灭火毯使用方法见图3-1-7。

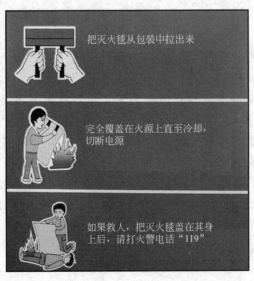

图3-1-7　灭火毯使用方法

3. 其他物品

抹布、拖把、衣服、水桶、手套等凡是能够在第一时间用来扑灭火灾的物品都可称为简易灭火器材。

任务总结

技能点	知识点
实验室火灾原因分析	实验室火灾类型 实验室常用简易灭火器具

思考题

1. 什么是危险化学品？
2. 简述所在实验室常有哪些危险化学品，有哪些危险特性。
3. 请对实验室常见安全事故进行分析，在以后的学习、工作中如何避免。

任务二　实验室火灾防护措施

任务准备

在化学实验室里，储存摆放着各种各样的化学药品，进行着各种化学试验。在试验过程中要接触一些易燃、易爆、有毒、有害、有腐蚀性药品，且经常使用水、气、火、电等，潜藏着诸如爆炸、着火、中毒、灼伤、割伤、触电等危险性事故，这些事故的发生给人们带来严重的人身伤害和财产损失。掌握相关的实验室安全知识以及事故发生时的应急处理知识，正确、安全地使用化学药品及实验器械，可以尽可能地减少和避免实验室里安全事故的发生，即使在发生紧急事故时，也能够不慌不乱，把伤害和损失减少到最小程度。

任务简介

1. 实验时根据实验的情况和性质进行必要的防护。根据试验可能发生的危险事故佩戴必要的防护工具，例如，穿好试验服、戴橡胶手套、防护面具、防毒面具等。实验前，要注意清理试验场周围的安全隐患。检查试验装置、药品和相关物品是否有不符合要求的情况等。

2. 遵循化学药品的性质和化学反应的规律，不盲目蛮干和主观臆测化学反应的过程。应根据化学反应的性质和过程选择匹配的反应装置，不可图省事省去必要的安全措施。

3. 经常估计到实验的危险性

实验事故虽不可预测，但其危险性的大小是可以估计到的。即使对不大了解的实验，也必须推测其危险程度而制订相应的预防措施。

4. 充分作好发生事故时的预防措施并加以检查。

平时注意熟悉需要关闭的主要龙头、电气开关，灭火器的位置及操作方法，避免发生事故时才四处寻找应急的物品。

5. 实验的后处理。实验的后处理工作，亦属实验过程的组成部分。特别不可忽略回收溶剂和废液、废弃物等的处理。

任务目标

1. 能采取不同防护措施有效预防火灾发生。
2. 能对实验室常见初起火灾选择不同灭火方式。

内容

一、电气火灾防护

（1）严禁私拉乱接，必须按照电气安全技术规程进行设计，安装使用时要严格遵守岗位责任制和安全操作规程，加强维护管理，及时消除隐患，保障用电安全。

（2）实验室内严禁吸烟，并要防止遗留火种。注意检修电器设备，防止发生火花或因短路、接触不良、超过负荷等原因引起线路发热而起火。

（3）室内若有氢气、煤气等易燃易爆气体，应避免产生电火花。继电器工作和开关电闸时，易产生电火花，要特别小心。电器接触点（如电插头）接触不良时，应及时修理或更换。

（4）定期检查设备的绝缘情况，力争及早发现漏电并予以消除。同时，认真进行设备的安全检查，将事故消灭在萌芽之中。

（5）实验室的电气设备和电路不得私自拆动或任意进行修理，也不能自行加接电器设备和电路，有需求时必须由专业人员进行操作。

（6）如遇电线起火，立即切断电源，用沙或二氧化碳、四氯化碳灭火器灭火，禁止用水或泡沫灭火器等导电液体灭火。

二、化学试剂火灾防护

化学实验室内易燃物较多，如汽油、酒精、乙醚、丙酮等。它们不仅本身着火点很低，而且容易挥发，当它们的蒸气和空气混合后，只要遇到星星之火，就足以引起燃烧，甚至发生爆炸。白磷暴露在空气中就能自燃。氧化剂和可燃物放在一起，在一定条件下，就有着火的危险。废液缸有时因氧化剂和可燃物混在一起也能引起燃烧。实验时操作不慎，打翻酒精灯，酒精会在桌面上燃烧。要防范化学实验室内发生失火事故，首先要时刻提高警惕，加强责任感，同时还应该采取一定的措施。

（1）妥善贮存。通常危险物质要避免阳光照射，应贮藏于阴凉的地方，必须与火源或热源隔开。贮存的所有容器，应当标明物品名称、贮存日期和贮存者姓名。实验室冰箱和超低温冰箱使用注意事项：定期除霜、清理，清理后要对内表面进行消毒；除非有防爆措施，否则冰箱内不能放置易燃易爆化学品溶液，冰箱门上应注明这一点。妥善保管各种可燃物，贮藏、搬运和使用要予足够重视。严禁将强氧化剂和强还原剂放在一起。

（2）实验室内要保持整洁，地面、屋角不要堆积污物，废液缸要及时处理。

（3）可燃物与氧化剂必须隔离放置，要经常检查储品的包装，如有损漏应立即处理，对强氧化剂如氯化钾、过氧化钠、浓硝酸等尤其要注意，它们跟易燃物接触容易引起燃烧。易挥发的可燃物质如汽油、乙醚、酒精等要分开存放，必须严密不漏气，以防它们的蒸气逸散，遇火燃烧。

（4）实验室内必须备有灭火设备，如沙箱、沙袋、灭火器、灭火毯、石棉布等。这些用品应存放在容易拿到的地方。万一实验室失火，也不要惊慌失措，沉着处理。同时应停止加热，熄灭火种。关闭通风器，停止送风。拉开电闸，切断电源。撤去火区和周围的一切可燃物以防蔓延。如果打翻酒精灯，酒精在桌面上着火燃烧，只要用湿布捂盖，就能熄灭。如果身上的衣服着火，切勿乱跑，可用灭火毯或石棉布包裹，隔绝着火处的空气，火焰就可熄灭，也可躺在地上打几个翻滚将火熄灭。

三、违规操作火灾防护

严格执行操作规程是做好实验室防火工作的最基本最可靠的手段。

（1）实验室首先要根据各类实验性质，在积累经验的基础上，建立科学的实验安全操作规程。实验人员应熟悉所使用物质的性质、影响因素与正确处理事故的方法；了解仪器结构、性能、安全操作条件与防护要求，严格按规程操作。

（2）设置专用贮器收集废液、废物，不得弃入下水道，以免引起污染、燃爆事故。

（3）在使用危险物质之前，必须预先考虑到发生灾害事故时的防护手段，并做好周密的准备。使用有火灾或爆炸危险的物质时，要准备好防护面具、耐热防护衣及灭火器材等；对于毒性物质，则要准备橡皮手套、防毒面具及防毒衣之类用具。

评价表

知识与技能	内容	记录
电气火灾防护	用电安全	
	严禁遗留火种	
	电线起火的灭火方法	
化学试剂火灾防护	妥善贮存	
	配备灭火设备	
违规操作火灾防护	建立实验安全操作规程	
	专用贮器收集废物	

 知识链接

火灾是指在时间和空间上失去控制的燃烧所造成的灾害。在各种灾害中，火灾是最经常、最普遍地威胁公众安全和社会发展的主要灾害之一。人类能够对火进行利用和控制，是文明进步的一个重要标志。所以说人类使用火的历史与同火灾作斗争的历史是相伴相生的，人们在用火的同时，不断总结火灾发生的规律，尽可能地减少火灾对人类造成的危害。

燃烧——是可燃物与氧化剂发生的一种氧化放热反应，通常伴有光、烟或火焰。

燃烧的三要素：可燃物、助燃物、着火源。对于有焰燃烧一定存在自由基的链式反应这一要素。

灭火的主要措施就是：控制可燃物、减少氧气、降低温度、化学抑制（针对链式反应）。

1. 火灾分类

火灾根据可燃物的类型和燃烧特性，分为A、B、C、D、E、F六类（见表3-2-1）。

表 3-2-1　火灾分类（GB/T 4968—2008）

类别	可燃物类型、燃烧特性
A类	指固体物质火灾，如木材、煤、棉、毛、麻、纸张等火灾 此类物质通常具有有机物质性质，一般在燃烧时能产生灼热的余烬
B类	指液体或可熔化的固体物质火灾，如煤油、柴油、原油，甲醇、乙醇、沥青、石蜡等火灾
C类	指气体火灾，如煤气、天然气、甲烷、乙烷、丙烷、氢气等火灾
D类	指金属火灾，如钾、钠、镁、铝镁合金等火灾
E类	指带电火灾，物体带电燃烧的火灾
F类	指烹饪器具内的烹饪物火灾，如动植物油脂火灾

2. 防火基本原理和措施

防火基本原理和措施见表 3-2-2。

表 3-2-2　防火基本原理和措施

措施	原理	措施举例
控制可燃物	破坏燃烧爆炸的基础	1. 限制可燃物质储运量 2. 用不燃或难燃材料代替可燃材料 3. 加强通风，降低可燃气体或蒸气、粉尘在空间的浓度 4. 用阻燃剂对可燃材料进行阻燃处理，以提高防火性能 5. 及时清除洒漏地面的易燃、可燃物质等
隔绝空气	破坏燃烧爆炸的助燃条件	1. 充惰性气体保护生产或储运有爆炸危险物品的容器、设备等 2. 密闭有可燃介质的容器、设备 3. 采用隔绝空气等特殊方法储运有燃烧爆炸危险的物质 4. 隔离与酸、碱、氧化剂等接触能够燃烧爆炸的可燃物和还原剂
消除引火源	破坏燃烧的激发能源	1. 消除和控制明火源 2. 安装避雷、接地设施，防止雷击、静电 3. 防止撞击火星和控制摩擦生热 4. 防止日光照射和聚光作用 5. 防止和控制高温物
阻止火势蔓延	不使新的燃烧条件形成	1. 在建筑之间留足防火距离，设置防火分隔设施 2. 在气体管道上安装阻火器、安全水封 3. 有压力的容器设备，安装防爆膜（片）、安全阀 4. 在能形成爆炸介质的场所，设置泄压门窗、轻质屋盖等

3. 灭火基本原理和措施

灭火基本原理和措施见表 3-2-3。

表 3-2-3　灭火基本原理和措施

措施	原理	措施举例
冷却法	降低燃烧物的温度	1. 用直流水喷射着火物 2. 不间断地向着火物附近的未燃烧物喷水降温等
窒息法	消除助燃物	1. 封闭着火的空间 2. 往着火的空间充灌惰性气体、水蒸气 3. 用灭火毯、湿棉被、湿麻袋等捂盖已着火的物质 4. 向着火物上喷射二氧化碳、干粉、泡沫、喷雾水等

项目三　实验室火灾防护

续表

措施	原理	措施举例
隔离法	使着火物与货源隔离	1. 将未着火物质搬迁转移到安全处 2. 拆除毗连的可燃建筑物 3. 关闭燃烧气体、液体的阀门,切断气体、液体来源 4. 用沙土等堵截流散的燃烧液体 5. 用难燃或不燃物体遮盖受火势威胁的可燃物质等
抑制法	中断燃烧链式反应	往着火物上直接喷射气体、干粉等灭火剂,覆盖火焰,中断燃烧链式反应

 任务总结

技能点	知识点
➤ 实验室不同火灾类型的有效防护措施	➤ 实验室火灾的有效防护

 思考题

1. 实验室中常见的简易灭火工具有哪些?怎样使用?
2. "严禁烟火"的标志通常出现在哪些地方?
3. 怎样有效预防实验室火灾?

任务三　操作灭火器扑救初起火灾

任务准备

灭火的原理:一是清除可燃物或使可燃物与其他物品隔离;二是隔绝空气或氧气;三是使温度降到着火点以下。实验室中常见的简易灭火器材有黄沙、消防桶、灭火毯、灭火器,甚至抹布、拖把等都能选择使用,来扑灭初起火灾,初起火灾的扑救,关键在于"快",不让火势蔓延扩大。

任务简介

1. 预想目标:高温室烘箱着火。
2. 应急措施:发现起火后,发现人应立即切断电源,关闭烘箱门,发现人要根据具体需要选用灭火器材,争取在最短的时间将火灭掉,使用灭火器扑救时要一手拿喷嘴另一手提环,将喷嘴对准火焰根部左右摆动,迅速推进,不留残火,在扑救的同时要大声呼救报警。

任务目标

1. 了解灭火的原理。
2. 掌握灭火器的选择和使用。

内容

一、常用灭火器的结构

实验室常用的灭火器有泡沫灭火器（图 3-3-1）、干粉灭火器（图 3-3-2）和二氧化碳灭火器（图 3-3-3）。

图 3-3-1　泡沫灭火器

图 3-3-2　干粉灭火器

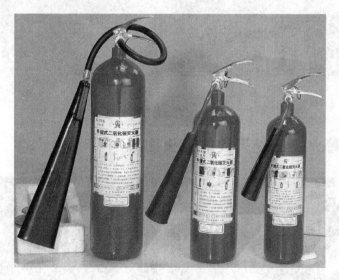
图 3-3-3　二氧化碳灭火器

灭火器是由筒体、器头、喷嘴等部件组成（见图 3-3-4），借助驱动压力将所充装的灭火器喷出，达到灭火的目的。灭火器由于结构简单，操作方便，轻便灵活，适用面广，是扑灭初期火灾的重要消防器材。

二、灭火器的使用方法

分为以下四个步骤（见图 3-3-5）：

（1）拔——拔下保险销。某些灭火器需要松开插销、压下控制杆或执行其他动作。

（2）握——握住管子，把灭火器的喷嘴对准火焰的底部区域。

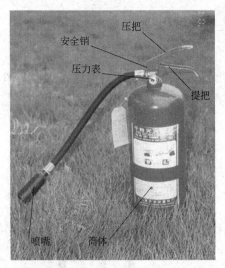

图 3-3-4　手提式灭火器的构造

(3) 压——压下压把。
(4) 喷——对火焰的底部区域左右进行喷射，直到确定火焰已被完全扑灭。

　　　拔销子　　　　　　握管子　　　　　　压把子　　　　　　对准喷

图 3-3-5　灭火器使用方法图解

三、对准着火点实施灭火器灭火演练（见图 3-3-6）

图 3-3-6　灭火器使用实物演练

根据不同性质的火灾采用不同方法进行灭火演练：对发生化学药品、油类、可燃气体、带电设备等性质的火灾采取干粉灭火剂灭火。

练习要领如下：

(1) 使用手提式干粉灭火器时，应手提灭火器的提把，迅速赶到着火处。

（2）在距离起火点5m左右处，放下灭火器。在室外使用时，应占据上风方向。

（3）使用前，先把灭火器上下颠倒几次，使筒内干粉松动。

（4）使用内装式或贮压式干粉灭火器时，应先拔下保险销，一只手握住喷嘴，另一只手用力压下压把，干粉便会从喷嘴喷射出来。

（5）用干粉灭火器扑救流散液体火灾时，应从火焰侧面，对准火焰根部喷射，并由近而远，左右扫射，快速推进，直至把火焰全部扑灭。

（6）用干粉灭火器扑救容器内可燃液体火灾时，亦应从火焰侧面对准火焰根部，左右扫射。当火焰被赶出容器时，应迅速向前，将余火全部扑灭。灭火时应注意不要把喷嘴直接对准液面喷射，以防干粉气流的冲击力使油液飞溅，引起火势扩大，造成灭火困难。

（7）用干粉灭火器扑救固体物质火灾时，应使灭火器嘴对准燃烧最猛烈处，左右扫射，并应尽量使干粉灭火剂均匀地喷洒在燃烧物的表面，直至把火全部扑灭。

（8）使用干粉灭火器应注意灭火过程中应始终保持直立状态，不得横卧或颠倒使用，否则不能喷粉；同时注意干粉灭火器灭火后防止复燃，因为干粉灭火器的冷却作用甚微，在着火点存在着炽热物的条件下，灭火后易产生复燃。

注：干粉灭火器指针范围——绿色表示正常，红色表示压力不足，黄色表示压力过大，但压力超一点点不要紧，不要超太多，防止超压爆炸。

评价表

知识与技能	内容	记录
灭火器的结构	手提式灭火器的构造	
灭火器的使用方法	手提式灭火器的使用步骤	
教师评语		

知识链接

扑救原则

类别	可燃物类型、燃烧特性	扑救原则
A类	指固体物质火灾，如木材、煤、棉、毛、麻、纸张等火灾。此类物质通常具有有机物质性质，一般在燃烧时能产生灼热的余烬	可选择水型灭火器、泡沫灭火器、磷酸铵盐干粉灭火器、卤代烷灭火器
B类	指液体或可熔化的固体物质火灾，如煤油、柴油、原油、甲醇、乙醇、沥青、石蜡等火灾	可选择泡沫灭火器（化学泡沫灭火器只限于扑灭非极性溶剂）、干粉灭火器、卤代烷灭火器、二氧化碳灭火器
C类	指气体火灾，如煤气、天然气、甲烷、乙烷、丙烷、氢气等火灾	可选择干粉灭火器、卤代烷灭火器、二氧化碳灭火器
D类	指金属火灾，如钾、钠、镁、铝镁合金等火灾	可选择粉状石墨灭火器、专用干粉灭火器，也可用干砂或铸铁屑末代替
E类	指带电火灾，物体带电燃烧的火灾	可选择干粉灭火器、卤代烷灭火器、二氧化碳灭火器
F类	指烹饪器具内的烹饪物，如动植物油脂火灾	可选择干粉灭火器

火灾自救

在火灾中，被困人员应有良好的心理素质，保持镇静，不要惊慌，不盲目地行动，选择正确的逃生方法。必须注意的是，火灾现场的温度很高，而且烟雾会挡住视线。当处于火灾现场时，能见度非常低，甚至在长期居住的房间里也搞不清楚窗户和门的位置，在这种情况下，更需要保持镇静，不能惊慌。

如果被困火灾中，应当利用周围一切可利用的条件逃生，可以利用消防电梯、室内楼梯进行逃生，普通电梯千万不能乘坐，因为普通电梯极易断电，没有防烟功效，火灾发生时被卡在空中的可能性极大。同时，也可以利用阳台、过道以及建筑物外墙的水管进行逃生。

发生火灾后，会产生浓烟，遇到浓烟时要马上停下来，千万不要试图从烟火里出来，在浓烟中采取低姿势爬行。火灾中产生的浓烟由于热空气上升的作用，大量的浓烟漂浮在上层，因此在火灾中离地面 30cm 以下的地方还应该有空气，因此浓烟中尽量采取低姿势爬行，头部尽量贴近地面。

在浓烟中逃生，人体如果防护不当，容易将浓烟吸入人体，导致昏厥或窒息，同时眼睛也会因烟的刺激，导致刺痛而睁不开。此时，可以利用透明塑料袋，透明塑料袋不分大小都可利用，使用大型的塑料袋可将整个头罩住，并提供足量的空气供逃生之用，如果没有大型塑料袋，小的塑料袋也可以，虽然不能完全罩住头部，但也可以遮住口鼻部分，供给逃生需要的空气。使用塑料袋时，一定要充分将其完全张开，但千万别用嘴吹，因为吹进去的气体都是二氧化碳，效果适得其反。

如果是晚上听到报警，首先应该用手背去接触房门，试一试房门是否已变热，如果是热的，门不能打开，否则烟和火就会冲进卧室；如果房门不热，火势可能还不大，通过正常的途径逃离房间是可能的。离开房间以后，一定要随手关好身后的门，以防火势蔓延。

任务总结

技能点	知识点
➢ 能选择、使用灭火器扑灭实验室初起火灾	➢ 如何控制火灾蔓延
➢ 能在火灾中安全逃生	➢ 灭火器的使用方法、步骤

思考题

简述灭火器使用方法、使用步骤。

项目四

实验室爆炸危险防护

项目导入

火灾与爆炸都会带来生产设施的重大破坏和人员伤亡,但两者的发展过程显著不同。火灾是在起火后火场逐渐蔓延扩大,随着时间的延续,损失数量迅速增长。

爆炸则是猝不及防的。可能仅在 1s 内爆炸过程已经结束,设备损坏、厂房倒塌、人员伤亡等巨大损失也在瞬间发生。爆炸通常伴随发热、发光、压力上升、真空和电离等现象,具有很大的破坏作用(见图 4-0-1)。它与爆炸物的数量和性质、爆炸时的条件以及爆炸位置等因素有关。爆炸的主要破坏形式有以下几种。

图 4-0-1　某化工厂爆炸现场

1. 爆炸的直接破坏作用

装置、容器等爆炸后产生许多碎片,飞出后会在相当大的范围内造成危害。

2. 冲击波的破坏作用

物质爆炸时,产生的高温高压气体以极高的速度膨胀,像活塞一样挤压周围空气,把爆炸反应释放出的部分能量传递给压缩的空气层,空气受冲击而发生扰动,使其压力、密度等产生突变,这种扰动在空气中的传播就称为冲击波。冲击波的传播速度极快,在传播过程中,可以对周围环境中的机械设备和建筑物产生破坏作用和使人员伤亡。冲击波还可以在它的作用区域内产生震荡作用,使物体因震荡而松散,甚至破坏。冲击波的破坏作用主要是由其波阵面上的超压引起的。在爆炸中心附近,空气冲击波波阵面上的超压可达几个甚至十几个大气压,在这样高的超压作用下,建筑物被摧毁,机械设备、管道等也会受到严重破坏。当冲击波大面积作用于建筑物时,波阵面超压在20～30kPa内,就足以使大部分砖木结构建筑物受到强烈破坏。超压在100kPa以上时,除坚固的钢筋混凝土建筑外,其余部分将全部被破坏。

3. 造成火灾

爆炸发生后,爆炸气体产物的扩散只发生在极短的瞬间内。当盛装易燃物的容器、管道发生爆炸时,爆炸抛出的易燃物有可能点燃附近储存的可燃物,引起火灾。

4. 造成中毒和环境污染

在实际生产中,许多物质不仅是可燃的,而且是有毒的,发生爆炸事故时,会使大量有害物质外泄,造成人员中毒和环境污染。

分析检验工作人员的工作活动范围主要在化验室和取样地点,每个人对自己的工作环境的防爆安全都负有重要责任。

1. 爆炸的危害。
2. 实验室爆炸的类型。
3. 正确防护各种类型的爆炸。

1. 正确分析和防护静电在实验室易燃易爆环境中的爆炸危害。
2. 正确分析防护实验室易燃易爆物质的爆炸危险性。
3. 正确分析和防护实验室由电器引起的爆炸危害。

任务一　实验室爆炸类型分析

任务准备

不安全行为	主要起因
操作过程产生静电引起爆炸	1. 违规操作产生静电 2. 人体产生静电
贮存、使用或生成易燃易爆物质,引起火灾爆炸	不熟悉火灾爆炸危险物的物理和化学特性
电器设备电弧或火花引起火灾或爆炸	电器设备的材质或结构与周围环境的防爆要求不匹配

> **任务简介**

爆炸灾害严重影响企业的安全生产和员工的生命安全。为了有效地控制爆炸灾害，避免事故发生，必须掌握实验室各种火灾爆炸危险特性，确保安全生产。

> **任务目标**

1. 正确分析实验室工作人员工作过程中产生静电的常识。
2. 正确分析实验室工作人员工作过程中接触的易燃易爆物质存在的爆炸危险性。
3. 正确分析实验室的电器使用中存在的爆炸危险性。

> **内容**

一、静电引起的爆炸

由静电引起的爆炸灾害严重影响企业的安全生产，给企业造成很大的损失。2002～2006年中国石油总公司23起重大事故中，由静电引起的着火爆炸有6起，占26%。所以必须有效地控制静电灾害，消除静电安全隐患，避免静电事故发生，确保企业安全生产。

1. 静电现象

由于带电体的静电场作用而引起的静电放电、静电感应、介质极化以及静电力作用等诸物理现象统称静电现象。

2. 静电的危害

易燃、易爆是石油和化工生产的重要特性之一，静电是石油、化工生产中引起火灾爆炸的点火源之一，在生产的各个环节，都必须防止静电的产生，消除静电隐患，保证生产安全。

3. 静电的产生

（1）物体的接触分离带电

①接触产生的电荷移动，见图4-1-1。

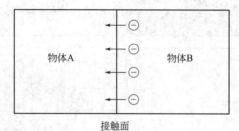

图4-1-1　接触产生的电荷移动

② 形成双层电荷，见图4-1-2。

图4-1-2　形成双层电荷

③ 分离产生的静电，见图4-1-3。

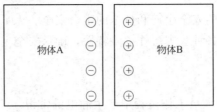

图4-1-3 分离产生的静电

（2）摩擦起电 摩擦只不过是接触分离的一种特殊形式。摩擦的作用仅在于增加两种物质达到一个分子距离以下的接触面积，再把两物体分开时，就各带有不同的静电。实际工作中的摩擦、接触、分离带电过程如图4-1-4所示。

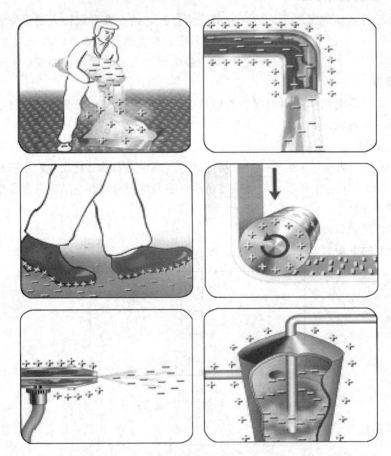

图4-1-4 实际工作中的摩擦、接触、分离带电过程

（3）静电感应带电 电场作用在中性导体时，该导体的自由电子受到电场力的作用将逆着外电场的方向移向导体的一端，而另一端即显正电，这个现象叫静电感应，如图4-1-5所示。

4. 静电放电形式

（1）电晕放电 电晕放电是在非均匀电场中电场强度极高的部分发生局部电离的放电。

图 4-1-5　静电感应带电

电晕放电一般伴随着微弱嘶嘶声的发光，如图 4-1-6 所示。

图 4-1-6　电晕放电

（2）刷型放电　一般是随着"啪"的较强声响与图 4-1-7 所示的树枝状发光的放电，在带电很多的物体（一般为非导体）与其距离数厘米以上的较平滑形状的接地导体之间易产生

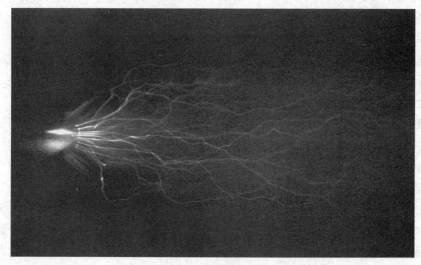

图 4-1-7　刷型放电

这种放电。

（3）火花放电　在带电物体与接地导体的形状都较平滑时，伴随着强烈的声响的一条发光而在大气中突然产生的放电。

（4）沿表面放电　在带电物体表面附近有接地导体，带电物体表面电位上升被抑制的情况下，带电量非常大时，沿着带电物体表面发生的放电。通常表面放电如图 4-1-8 所示。在接地导体接近带电物体表面时产生了空气中放电，以此为契机，沿表面放电几乎同时产生。

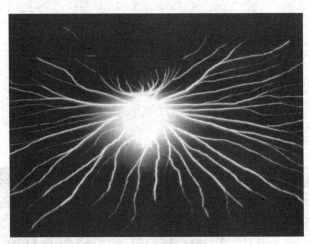

图 4-1-8　沿表面放电

二、实验室因易燃易爆物质引起的爆炸

化学药品库、化学实验室因其贮存或使用易燃易爆物质，或者有的化学反应生成一些易燃易爆物质，所以存在火灾爆炸的危险。一些实验室发生过火灾爆炸事故。例如某实验室在做完实验后将石油醚存入冰箱引起爆炸。这些事故造成了不同程度的损失。

1. 实验室贮存或使用的易燃易爆物质易引起爆炸

实验室内贮存或使用的有爆炸危险的易燃易爆物质如处理不当或粗心大意就可能发生爆炸。这些物质可分为七大类。

(1) 爆炸性物质，如硝化甘油、硝基苯等；

(2) 氧化剂，如过氧化钠、亚硝酸钾和高锰酸钾等；

(3) 可燃气体，如氢气和一氧化碳等；

(4) 自燃性物质，如磷等；

(5) 遇水燃烧物质，如钠、钾、电石和硫的金属化合物等；

(6) 易燃液体，如汽油、丁二烯等；

(7) 易燃固体，如硝基化合物等。

2. 化学反应生成的易燃易爆物质易引起爆炸

(1) 化合物迅速分解　某些化合物可在千分之几秒内分解，分解过程中生成大量的气体，同时放出大量的热，引起压力剧变发生爆炸。如无水高氯酸、氮的卤化物分解等。

(2) 固体和液体物之间的反应　当固体和液体物质间发生迅速的反应而生成大量气体或放出大量的热时，引起四周气体体积的急剧膨胀而发生爆炸。如镁、锌或其他轻金属与硝酸的反应。

(3) 气体间的反应　气体间迅速反应时，由于反应生成的产物与反应物的体积不同，结果导致压力急剧改变而引起爆炸。

气体间的反应速率，主要受光、压力、表面活性物质、反应器皿材料和杂质的影响。举例说明如下。

光的影响：氢气和氯气的反应，在黑暗中迟缓进行，在强光照射下则发生连锁反应类型的爆炸。

压力的影响：许多反应速率随着压力的改变而急剧加大。例如，磷化氢与氧混合时一般不反应，如果减小压力至某一值时，混合物会骤然爆炸。

表面活性物质的影响：气体反应的方向和速率有时受表面活性物质的影响而急剧改变。如在球形器皿内530℃时氢与氧之间没有反应，但若在器皿内插入玻璃、磁、铜或铁棒时就会爆炸。

反应器皿材料的影响：如氢和氟混合，用氟处理过的金属镁所制得器皿，则必须加热才能反应，而在银质器皿中则在室温下才能发生反应，若改在玻璃器皿内，甚至在液态空气的温度下于黑暗中也会发生爆炸。

杂质的影响：许多反应如果没有催化剂，反应就不会发生，如干燥的空气不能氧化钠和磷。干燥的氢和氧的混合物甚至加热到800℃时也不会爆炸，痕量的水会急剧加速臭氧、氯氧化物等物质的分解引起爆炸。

(4) 器皿内外压差过大引起的爆炸　当器皿内部压力减小时，如器皿壁的强度不够，则仪器会破压碎。这种压碎爆炸是危险性较小的爆炸。但是，如果被压碎的器皿中盛的是有毒物质或可燃物质，或是能与空气形成爆炸性混合物的物质，则可能发生中毒、失火或强烈的爆炸。

当器皿内部的压力加大到器皿爆炸的限度时，此时高压气体或蒸气的热能就是起爆能量，也能引起爆炸。这类爆炸危险性很大。因为破裂器皿的碎块或掉下来的零件会以很大的威力向四方飞散，使实验室受到严重的破坏，甚至使工作人员受到致命的伤害。如果器皿中含有毒有害、易燃易爆的物质，则还会引起中毒、失火或形成爆炸混合物的第二次爆炸。

三、电器方面的原因引起的爆炸

由于电器方面的原因，引起火灾和爆炸事故，称为电器火灾爆炸，这类事故在火灾爆炸事故中占一定的比例。

电器方面形成的爆炸，有些是指电器开关合闸、断开时产生的电弧火花，或由于电器设备短路、过载、接触不良或其他原因产生的电火花、电弧或危险温度引起的爆炸；也有些是指因烘箱、马弗炉和冰箱等电器设备因使用不当引起的爆炸。

掌握了实验室有关爆炸危险的知识，工作中就能有效预防爆炸的发生，保证生产和人身的安全。

评价表

知识与技能	内容	记录
掌握实验室产生静电的因素	实验室静电产生的原理和危害	
掌握实验室易燃易爆物质的特性	实验室化学物质爆炸原理	
掌握实验室电器使用中的危险性	实验室用电过程中的不安全因素	
教师评语		

知识链接

日常生活中的静电放电现象

1. 闪电与雷声

雷电是云层在运动过程中产生的电荷在放电时产生的电火花，既有光也有声。雷的电压是非常大的，可达 100 万伏以上。

2. 静电对车的影响

在开车门时是否有碰到过"叭啦"的声音，这是堆积在车上的静电传到人体，或是人体的静电传到车上的原因。为了阻止这种现象发生，可以在车的后面垂一条细的铁链，静电可以通过这条铁链传到地面，这样车上没有静电了，就不会再出现"叭啦"的声音了。像油罐车上就装有除静电的物体，这样就可以避免因静电而导致的火灾发生。

任务总结

技能点	知识点
生产中产生静电危害的关键位置	静电产生的原理
易燃易爆物质引起爆炸关键原因	易燃易爆物质的爆炸原理
电器设备使用过程易引起爆炸的关键注意事项	电器使用中产生火花的原因

思考题

某石化分公司油罐采样时，发生着火事故，事故的主要原因是采样绳不合格，造成采样器带电后无法泄放到大地中，致使带电的采样器对内浮盘口处发生静电火花放电（见图 4-1-9），引起罐内油气着火。

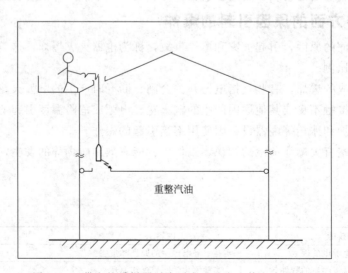

图 4-1-9　带电的采样器对内浮盘口处发生静电火花放电

图 4-1-9 所示错在哪里？

任务二　实验室防爆措施

任务准备

不安全行为	主要起因
操作中产生静电火花	1. 使用不合格或过期工具和设备 2. 防静电工作服穿戴不规范
引爆易燃易爆物质	1. 不合理用火 2. 化学反应失控
电器设备在运行过程中产生电弧或火花	1. 电器设备的材质或结构与周围环境的防爆要求不匹配 2. 违规使用电器设备

任务简介

化学实验室可能存在的引火源主要有以下几类：

（1）静电火花；

（2）酒精灯、煤气灯、打火机、火柴以及燃烧反应实验或失控化学反应导致的燃烧火焰或高温物质等；

（3）电气火花，包括电气设备各种开关、保险丝、电线接头等处在接通或断开电源时的电火花或送电过程中接触不良点处的电火花，以及过电流引起的导线或保险丝物理爆炸火花。

实验室防爆主要是控制以上三个方面的火源，防止爆炸事故的发生。

任务目标

1. 消除实验室静电火花引发的爆炸危害。
2. 消除实验室因易燃易爆物质的存在而引发的爆炸危害。
3. 消除实验室由电器设备产生电火花而引发的爆炸危害。

内容

一、静电危害的防爆措施

（1）在静电防护区采用防静电工作台面和地板。

（2）随时清除工作范围内易产生静电的物体，如塑料袋、盒子、泡沫、胶带及个人物品，至少放在1m以外。

（3）采样测温作业人员必须按规定穿防静电工作服和防静电工作鞋，见图4-2-1～图4-2-4。

（4）头发不能下垂和露出帽子，见图4-2-5、图4-2-6。

（5）手环和脚环必须干燥，见图4-2-7。

（6）作业前应先释放人体静电，释放静电提示标牌见图4-2-8。

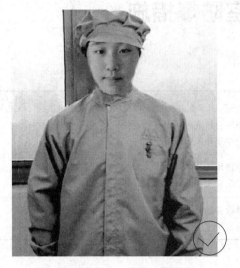

图 4-2-1 防静电工作服的正确穿法

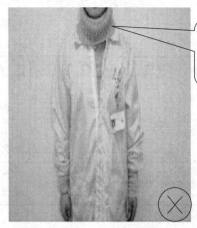

私人衣领和袖子露于防静服外,且拉链未拉到位

图 4-2-2 防静电工作服的不正确穿法

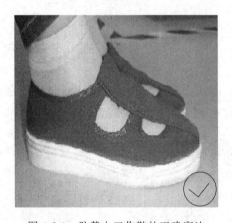

图 4-2-3 防静电工作鞋的正确穿法

图 4-2-4 防静电工作鞋的不正确穿法

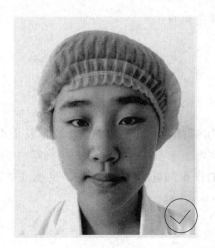

图 4-2-5 防静电工作帽的正确戴法

图 4-2-6 防静电工作帽的不正确戴法

图 4-2-7　确认手环是否干燥

图 4-2-8　释放静电提示标牌

（7）采样过程

① 采样绳必须为防静电采样绳（见图 4-2-9），检测合格方可使用，且不得超过厂家规定的使用期限（一般为 3 个月）。

图 4-2-9　防静电采样绳

② 采样时，防静电采样绳末端必须接地（见图 4-2-10），禁止防静电采样绳不接地使用。

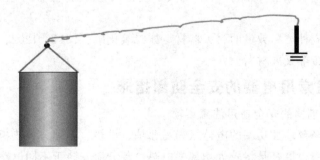

图 4-2-10　采样绳接地示意图

③ 采样时，不得猛拉快提，上升速度不得大于 0.5m/s，下落速度不得大于 1m/s。

④ 采样时，必须保证规定的静置时间，严禁进行动态采样测温作业。

⑤ 使用中如发现采样绳深色纤维脱色、磨损、断裂等异常情况时，不得继续使用。

⑥ 防静电绳不能作为绝缘物使用，特别是接触带电体。
⑦ 雷暴等恶劣天气禁止采样测温作业。
⑧ 爆炸危险场所应安装本安型人体静电消除器（见图4-2-11）。

图 4-2-11　本安型人体静电消除器　　　图 4-2-12　实验室爆炸性物质残渣引起的爆炸图例

二、对实验室易燃易爆物质应采取的防爆措施

（1）批量的易燃易爆化学试剂必须集中存放于化学品库，实验室内仅存有满足实验所用的少量试剂。

（2）实验剩余的易燃易爆试剂妥善保管，要加盖密封放于通风橱内，禁止将易挥发性试剂放入冰箱或倒入下水道。

（3）及时销毁爆炸性物质残渣。如卤氮化合物可以用氨使之成碱性而销毁；偶氮化合物可与水共同煮沸，乙炔化合物可用硫化铵分解等。实验室爆炸性物质残渣引起的爆炸图例见图 4-2-12。

（4）化学实验室应设排气扇，及时排出室内可燃气体与有毒气体。

（5）易燃易爆物质使用量较大的特殊实验室，应采用防爆电气开关、防爆工具，导线及接点性能良好，以免产生电气火花，还应安装可燃气浓度监测与报警装置。

（6）在任何情况下，不可直接用火加热危险爆炸性物质，可选用水浴、油浴、沙浴等间接加热方式。

（7）化学实验室应禁止吸烟、动用明火，检修时应认真检查可燃物，采取相应防火措施。

（8）应配置相应种类和数量的灭火器材，如二氧化碳、1211、1202、干粉等灭火器，还应配有砂子、石棉布等灭火材料。

三、实验室常用电器的安全防爆措施

1. 实验室常用电器的安全使用注意事项

（1）同时使用多台较大功率的电器（如马弗炉、烘箱、电炉、电热板）时，要注意线路与电闸能承受的功率。最好是将较大功率的电热设备分流安装于不同电路上。

（2）发热设备应采取加强散热的措施以降低表面温度，避免引起事故。对于一些在正常条件下较稳定的热交换器，如道生油等，仍应注意防止因过热引起燃烧、爆炸危险。近年来此类事故已发生多起。

（3）严禁用电炉直接加热易燃溶剂，必须用水浴或封闭式电炉！

（4）电炉不可直接放在木制实验台上长时间连续使用。加热设备周围严禁放置可燃、易燃物及挥发性易燃液体。

（5）防止可燃性气体或蒸气散失在室内，保持室内通风良好。当大量使用可燃性气体时，应严禁使用可能产生电火花的电器。

（6）禁止将易燃物放在烘箱内烧烤。图4-2-13为易燃物在烤箱内爆炸。

（7）要定期检查电器设备、电源线路是否正常。严格遵守安全用电规程，防止因电火花、短路、超负荷引起火灾。

2. 防爆电器设备的选用

图4-2-13　易燃物在烤箱内爆炸

防爆电器设备的选用要求是安全可靠，使用方便，经济合理，选择防爆电器设备必须与周围环境相适应。爆炸危险场所使用的电器设备，在运行过程中，必须具备不引燃周围爆炸物的性能。常用防爆电器有下列几种。

（1）隔爆型电器设备　即把能点燃爆炸性混合物的部件封闭在一个外壳内，该外壳能承受内部爆炸性混合物的爆炸压力并阻止向周围的爆炸性混合物传爆（见图4-2-14）。

图4-2-14　隔爆型接电箱

（2）增安型电器设备　正常运行条件下，不会产生点燃爆炸性混合物的火花或危险温度，并在结构上采取措施，提高其安全程度，以免在运行时出现点燃现象的电器设备（见图4-2-15）。

（3）本质安全型电器设备　所产生的火花或热效应不能点燃爆炸性混合物的电器设备（见图4-2-16）。

（4）正压型电器设备　具有保护外壳，且壳内有保护气体，其压力保持高于周围爆炸性混合物气体的压力，以免外部爆炸性混合物进入外壳内部的电器设备（见图4-2-17）。

（5）充油型电器设备　全部或某些带电部件浸在油中，使之不能点燃油面以上或外壳周围的爆炸性混合物的电器设备（见图4-2-18）。

图 4-2-15　增安型低压电缆接线盒

图 4-2-16　CWH425 本质安全型红外测温仪　　　图 4-2-17　正压型防爆配电柜

图 4-2-18　WDIIJ 绝缘油介电强度测试仪

(6) 充砂型电器设备 外壳内充填细颗粒材料，以便在规定使用条件下，外壳内产生的电弧火焰传播、壳壁或颗粒材料表面的过热温度均不能点燃周围爆炸性混合物的电器设备（见图 4-2-19）。

图 4-2-19 充砂型防爆空调

(7) 无火花型电器设备 在正常运行条件下，不产生电弧或火花，也不能够点燃周围爆炸性混合物的高温表面或灼热点，且一般不会产生点燃作用的电器设备（见图 4-2-20）。

图 4-2-20 无火花型 BWX 防爆插头插座

(8) 粉尘防爆型 为防止爆炸粉尘进入设备内部，外壳的接合面应紧固严密，并须加密封垫圈，转动轴与轴孔间加防尘密封。粉尘沉积有增温引燃作用，要求设备的外壳表面光滑、无裂缝、无凹坑或沟槽，并具有足够的强度。图 4-2-21 为粉尘防爆灯。

图 4-2-21 粉尘防爆灯

为确保实验室的安全，应建立实验室防火防爆责任制，实验室人员要进行防火防爆培训，掌握各种物质火灾爆炸危险特性和防火防爆方法，学会使用各种灭火器材扑救各种火灾。

评价表

知识与技能	内容	记录
有效防止静电因素引起爆炸	实验室危害静电防爆措施	
有效防止化学物质爆炸	实验室化学爆炸的防爆措施	
有效防止电器因素引起爆炸	实验室电器因素的防爆措施	
教师评语		

知识链接

爆炸的定义

物质由一种状态迅速地转变为另一种状态，并瞬间以机械功的形式放出大量能量的现象称为爆炸。爆炸时由于压力急剧上升而对周围物体产生破坏作用，爆炸的特点是具有破坏力、产生爆炸声和冲击波。

爆炸的分类

常见的爆炸可分为物理性爆炸和化学性爆炸两类，如图 4-2-22 所示。

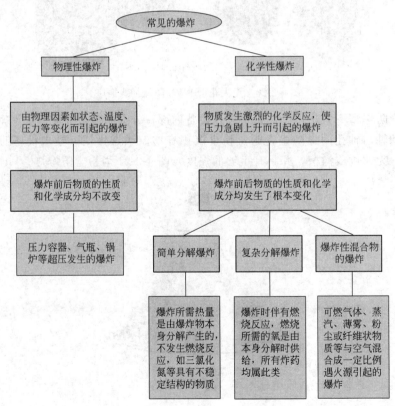

图 4-2-22　常见爆炸分类图

爆炸与燃烧的关系（见图 4-2-23）

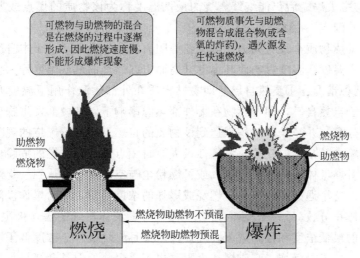

图 4-2-23　爆炸与燃烧的关系

粉尘爆炸

1. 粉尘爆炸的条件

（1）粉尘本身必须是可燃性的；

（2）粉尘必须具有相当大的比表面积；

（3）粉尘必须悬浮在空气中，与空气混合形成爆炸极限范围内的混合物；

（4）有足够的点火能量。

2. 影响粉尘爆炸的因素

影响粉尘爆炸的因素有：①颗粒的尺寸；②粉尘浓度；③空气的含水量；④含氧量；⑤可燃气体含量。颗粒越小其比表面积越大，氧吸附也越多，在空气中悬浮时间越长，爆炸危险性越大。空气中含水量越高、粉尘越小、引爆能量越高。随着含氧量的增加，爆炸浓度范围扩大。有粉尘的环境中存在可燃性气体时，会大大增加粉尘爆炸的危险性。

3. 粉尘爆炸的特点

（1）多次爆炸是粉尘爆炸的最大特点；

（2）粉尘爆炸所需的最小点火能量较高，一般在几十毫焦耳以上。

（3）与可燃性气体爆炸相比，粉尘爆炸压力上升较缓慢，较高压力持续时间长，释放的能量大，破坏力强。

在大多数场合，特别是石油化工企业，可燃物和助燃物的存在是不可避免的，因此，消除或控制点火源就成为防火防爆的关键。如果实验室工作人员缺乏专业常识，就有可能在工作过程中，因违规操作而在无意中制造了点火源，引起爆炸或燃烧。掌握防火防爆常识，对于保障安全生产意义重大。

评价爆炸与火灾的指标

闪点：易燃、可燃液体（包括具有升华性的可燃固体）表面挥发的蒸气与空气形成的混合气，当火源接近时会产生瞬间燃烧。这种现象称为闪燃。引起闪燃的最低温度称闪点。当可燃液体温度高于其闪点时则随时都有被火焰点燃的危险。就火灾和爆炸来说，化学物质的闪点越低，危险性越大。

燃点：可燃物质在空气充足的条件下，达到某一温度与火焰接触即着火（出现火焰或灼热发光），并在移去火焰之后仍能继续燃烧的最低温度称为该物质的燃点或着火点。易燃液体的燃点，高于其闪点 1～5℃。

自燃点：指可燃物质在没有火焰、电火花等明火源的作用下，由于本身受空气氧化而放出热量，或受外界温度、湿度影响使其温度升高而引起燃烧的最低温度称为自燃点（或引燃温度）。自燃有两种情况：①受热自燃，即易燃物质在外部热源作用下温度升高，达到自燃点而自行燃烧。②自热自燃，即可燃物在无外部热源影响下，其内部发生物理的、化学的或生化过程而产生热量，并经长时间积累达到该物质的自燃点而自行燃烧的现象。自热自燃是化工产品贮存运输中较常见的现象，危害性极大。自燃点越低，自燃的危险性越大

爆炸极限：可燃气体、可燃液体蒸气或可燃粉尘与空气混合并达到一定浓度时，遇火源就会燃烧或爆炸。这个遇火源能够发生燃烧或爆炸的浓度范围，称为爆炸极限。通常用可燃气体在空气中的体积分数（%）表示。可燃气体、可燃液体蒸气的爆炸极限分下限和上限，即在空气中含量的最低浓度和最高浓度，爆炸极限又称燃烧极限。浓度低于爆炸下限，遇到明火既不会燃烧，也不会爆炸；高于爆炸上限，也不会爆炸，但是会燃烧；只有在下限和上限之间时才会发生爆炸。而可燃粉尘的爆炸上限很高，一般达不到，所以通常只标明爆炸下限，而且用 g/m^3 来表示。当浓度超过爆炸下限时，遇到明火即发生爆炸。爆炸极限范围越宽，下限越低，爆炸危险性也就越大。

最小点火能：最小点火能是指能引起爆炸性混合物燃烧爆炸时所需的最小能量。最小点火能数值愈小，说明该物质愈易被引燃。

爆炸压力：可燃气体、可燃液体蒸气或可燃粉尘与空气的混合物、爆炸物品在密闭容器中着火爆炸时所产生的压力称爆炸压力。爆炸压力的最大值称最大爆炸压力。爆炸压力通常是测量出来的，但也可以根据燃烧反应方程式或气体的内能进行计算，物质不同，爆炸压力也不同，即使是同一种物质因周围环境、原始压力、温度等不同，其爆炸压力也不同。最大爆炸压力愈高，爆炸威力愈大，该混合物或化学品愈危险。

任务总结

技能点	知识点
消除实验室静电隐患	静电产生的原理
消除实验室易燃易爆物质爆炸危险	易燃易爆物质的爆炸原理
正确选择和使用电器设备	防爆电器的选择原则

思考题

1. 了解所在实验室有哪些易燃易爆试剂？
2. 所在的实验室有无防爆电器？是否安装有防爆电气开关？

项目五

实验室废弃物处理

项目导入

案例：实验室废液流进下水道，学校实验室污染成监管盲点

浙江某高校的一间化学实验室里，实验结束后，有人将废液缸中的废液稀释后，直接倒入了水池里，实验用的废弃液体就顺着下水道流了下去。原因是这间实验室没有处理废液的设备和暂存废液的场所。

目前学校化学实验室存在的问题主要有：实验室中产生的废气、废液等大都没有经过达标处理便直接排放，其中废气的排放直接危害了实验人员的健康，同时降低了校园的空气质量，影响了师生的学习生活；废液的直接排放则更为突出，实验中产生的各种成分复杂的废弃化学药品、试剂等经过简单的稀释处理，或不经任何处理便排入城市生活污水管网，给城市污水处理系统造成巨大压力，如果处理不善，极有可能使地下水、河流、湖泊受到污染；而实验过程所产生的固体废物甚至危险废物也大都直接混入生活垃圾直接进入垃圾填埋场，这种极高浓度的污染物不但使得渗滤液极难处理，同时也给填埋场的安全运行带来了极大的隐患，地下水、土壤一旦受到污染破坏，将难以修复。

学习目标

1. 了解常见实验室无机废弃物对环境的危害，能对实验室常见无机废弃物进行无害化、减量化、资源化处理。

2. 了解常见实验室有机废弃物对环境的危害，能对实验室常见有机废弃物进行无害化、减量化、资源化处理。

工作任务

1. 实验室无机、有机废弃物环境危害性。
2. 无机废弃物无害化、减量化、资源化处理。
3. 有机废弃物无害化、减量化、资源化处理。

> 任务活动过程

任务一　无机废弃物的处理

> 任务准备

通常从实验室排出的废液，虽然与工业废液相比在数量上是很少的，但是，由于其种类多，加上组成经常变化，因而最好不要把它集中处理，而由各个实验室根据废弃物的性质，分别加以处理。废液的回收及处理自然就需依赖实验室中每一个工作人员。同时，实验人员还必须加深对防止公害的认识，自觉采取措施，防止污染，以免危害自身或者危及他人。

> 任务简介

由于实验室药品种类繁多（见图 5-1-1），实验室废弃物种类也很多，化学实验室大多数废气、废液、废渣都是有毒物质，其中还有些是剧毒物质和致癌物质，如果直接排放，就会污染环境，损害人体健康。排放这些废弃物时，受到政府颁布的各项法令的限制。特别是化学物质，由于考虑到它会以某种形式危及人们的健康，所以从防止污染环境的立场出发，即使数量甚微，也要避免把它排放到自然水域、大气或土壤中去，而必须加以适当的处理。

图 5-1-1　实验室药品试剂柜

> 任务目标

1. 对实验室中无机废弃物分类收集。
2. 对实验室中无机废弃物进行无害化、减量化、资源化处理。

> 内容

一、实验室废气的处理

实验室在日常运作过程中会产生相应的废气，或化学反应会产生一些有害气体，主要为无机酸性废气，如氯化氢、硫化氢、硫酸雾、硝酸雾等污染物或芳香类、醛酮类、酯类、醇类等有机废气，这些废气如未经处理直接排放到大气中，势必会对周边环境造成污染，且会对人体造成器质性损伤。依据《中华人民共和国大气污染物综合排放标准》GB 16297—1996，严格执行国家有关环境保护的各项规定，确保各项排放指标达到国家及地区有关废气的排放标准。

1. 采用废气净化塔工艺处理技术

实验室废气净化塔处理工艺流程如图 5-1-2 所示。

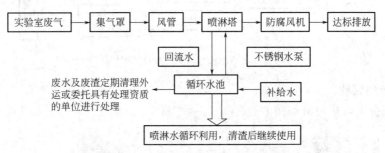

图 5-1-2　实验室废气净化塔处理工艺流程

2. 采用活性炭吸附处理技术

实验室废气活性炭处理工艺流程如图 5-1-3 和图 5-1-4 所示。

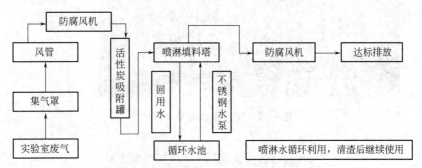

图 5-1-3　实验室废气活性炭处理工艺流程

图 5-1-4　实验室废气活性炭处理设施

二、实验室废液处理

实验室无机废液处理流程如图 5-1-5 所示。

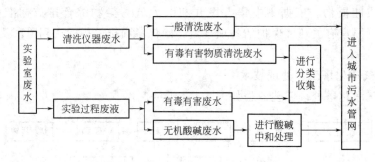

图 5-1-5　实验室无机废液处理流程

1. 废液分类回收

用废液桶分类收集废液如图 5-1-6 和图 5-1-7 所示。

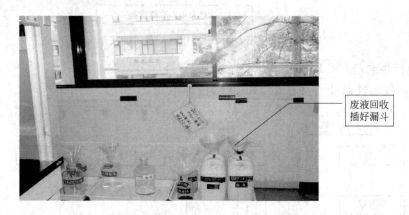

图 5-1-6　实验室废液分类回收桶

图 5-1-7　分类收集后的实验室废液

剧毒、易燃、易爆药品的废液，其贮存应按相应规定执行。废液应避光，远离热源，以免加速废液的化学反应。废液应用密闭容器贮存，应防渗漏，禁止混合贮存，以免发生剧烈化学反应而造成事故。贮存容器必须贴上标签，标明种类、贮存时间等，贮存时间不宜太长。运送至特殊废液处理公司进行集中无害化、资源化处理。

2. 实验室部分废液处理技术

实验室部分无机废液处理方法如表 5-1-1 所示。

表 5-1-1　实验室部分无机废液处理方法

分类		对象物质	浓度/×10^{-6}(mg/L)	处理方法
无机类废液	有害物质	Hg(包括有机 Hg)	0.005	硫化物共沉淀法、吸附法
		Cd	0.1	氢氧化物沉淀法、硫化物沉淀法、吸附法
		Cr(Ⅵ)	0.5	还原、中和法，吸附法
		As	0.5	氢氧化物共沉淀法
		CN	1	氯碱法、电解氧化法、臭氧化法、普鲁士蓝法
		Pb	1	氢氧化物共沉淀法、硫化物沉淀法、碳酸盐沉淀法、吸附法
	污染物质	重金属类 Ni	1	氢氧化物共沉淀法、硫化物共沉淀法、碳酸盐法、吸附法
		Ce	1	
		Ag	1	
		Sn	1	
		Cr(Ⅲ)	2	
		Cu	3	
		Zn	5	
		Fe	10	
		Mn	10	
		其他(Se、W、V、Mo、Bi、Sb 等)	1	
		B	2	吸附法
		F	15	吸附法、沉淀法
		氧化剂、还原剂	1%	氧化、还原法
	其他	酸、碱类物质	若不含其他有害物质，中和稀释后即可排放	中和法
		有关照相的废液	只排放洗净液	氧化分解法

注意：只有部分废液可以直接进入城市下水道系统，即无机酸中和至 pH=6～10；碱中和至 pH=6～10；无毒性的无机盐水溶液，其 pH=6～10。

三、实验室固体废物处理

实验室化学固体废物是指在实验室所产生的各类危险化学固态废物，包括：固态、半固态的化学品和化学废物；原瓶存放的液态化学品；化学品的包装材料；废弃玻璃器皿。

1. 固体废物的收集

(1) 分类收集

① 瓶装化学品和空瓶：确保瓶体上标签完好，原标签破损的须补上标签，瓶盖旋紧后竖直整齐放入纸箱；瓶装化学品、空瓶须分别装箱收集。

② 其他化学品和化学固体废物：用塑料袋分装并扎好袋口，在塑料袋上贴上标签并写上固体废物名称和成分，袋口朝上放入纸箱或编织袋内。

③ 玻璃器皿：放入纸箱内。

以上三类不能混放。

(2) 作好记录：按要求在《实验室化学固体废物清单》上做相应记录。

(3) 停止收集：以纸箱和编织袋能密封为限，瓶装化学品和空瓶不能叠放。

2. 固体废物的存放

(1) 固体废物收集满后，须在实验室废物处置联系人处登记相关的废物信息。

(2) 必须存放在指定位置，严禁把固体废物存放在非工作人员易接触到的地方。

3. 固体废物的处置

按照所在单位的统一部署和废弃物处置公司的要求进行固体废物的转运、记录和交接。

评价表

知识与技能	内容	记录
实验室无机废弃物处理技术	实验室废气	
	实验室废液	
	实验室固体废物	
教师评语		

 知识链接

实验室废弃物处理原则

根据环境保护的要求，实验室的废弃物对环境构成危害，必须加以处理。按照最新的环境保护理念，实验室废弃物的处理处置应遵循如下基本原则。

(1) 回收利用。由于废弃物中实际上含有不少有用物质的环保新观念，废物应首先考虑回收利用，某些暂时无实际用途但可以用于处理其他废物的废物（以废治废），应先予以贮存待用。

(2) 无毒害化。对于确实无利用价值的有毒害性的废物，可以采取"无毒害化"处理，以消除其环境毒害性，然后再排放。

(3) 低毒害化。某些无法完全消除其毒害性的废物，应尽量使其以毒害性最小的状态存在，然后再排放或分类存放。

(4) 混合后能发生化学反应，并产生有毒、易燃物质的试剂、废液，不能直接排放或倒在一起。

(5) 废酸、废碱、有机溶剂，必须经过中和或其他方法妥善处理后，倾倒至指定地点，禁止倾入水槽。

化学废弃物分类

实验室中任何废弃的物质都被认为是化学废弃物，可分为两大类。

A 类：①特别危险的废弃物；②在废弃物集中地需要进一步处理的废物；③危险药物。如压缩性气体、水反应性材料（如电石，金属钠）、可自燃的材料（如镁合金，白磷或黄磷）、氧芐（农药）、二噁英（危害人类健康）、毒物。

B 类：涉及多数化学废弃物，常见废弃物如酸、碱、有毒金属、矿物油、有机溶剂。包括腐蚀性废料（如乙酸等）、毒性物质（如苯胺，四氯化碳等）、可燃气体（如乙醚，CS_2 等）、助燃剂（如硝酸盐、高氯酸盐等）、易燃物品（如薄膜、乌洛托品等）、其他物品（如过氧化苯酰、硝化棉等）。

只有部分废弃物可以直接进入城市下水道系统，即：无机酸中和至 pH 为 6～10；碱中和至 pH 为 6～10；无毒性的无机盐水溶液，其 pH 为 6～10。

任务总结

技能点	知识点
▶ 能对实验室无机废弃物进行无害化、资源化、减量化处理	▶ 常见实验室废弃物的特点 ▶ 实验室无机废弃物对环境的危害及无害化处理的必要性

思考题

1. 实验室废弃物处理的原则是什么？
2. 查找、收集学校、单位实验室对无机废弃物处理的规定、方法、流程。

任务二　有机废弃物的处理

任务准备

案例：化学废弃物——四氯化硅急性中毒事故

2006 年 3 月 5 日，湖州市某镇一清洁工人在清除垃圾时，不慎引起四氯化硅中毒。中毒原因主要是某制药厂对危险化学品管理不严，随意遗弃所造成；清洁工王某自我防范意识不强，打开内容物不明的四氯化硅瓶是造成此次事故的直接原因。

四氯化硅又名四氯化硅烷，为无色具窒息性气味的液体，密度 1.48g/L，沸点 57.6℃，遇水迅速分解，遇潮湿空气时发烟，可溶于二硫化碳、四氯化碳等有机溶剂。四氯化硅蒸气吸入后可引起上、下呼吸道刺激病变，严重者可发生化学性肺炎和中毒性肺水肿。其液体或蒸气可引起结膜、角膜炎，严重者可引起角膜溃疡及坏死，导致角膜混浊、疤痕，出现视力障碍，皮肤接触高浓度四氯化硅液体可引起化学灼伤，接触较低浓度可引起接触性皮炎，大量吸入四氯化硅进入血循环后，可破坏红细胞，产生溶血反应。

任务简介

一般有机化学实验室开设的实验课程，内容主要包括化合物的制备、常数测定、元素定性等，这些实验所产生的废液主要有以下几种：

① 无机腐蚀性物质，如酸、碱废液；
② 有机酸类，如乙酸、丁酸、柠檬酸等废液；
③ 含羧基、羰基、羟基、氨基、芳环、酚类、醚类和烃类等有机溶剂。

由于实验过程中所产生的有机废液成分复杂，需对废液进行分类收集、集中处理。

任务目标

1. 对实验室中有机废弃物分类收集。
2. 对实验室中有机废弃物进行无害化、减量化、资源化处理。

一、实验室有机废气的处理

对实验室有机废气采用活性炭吸附和填料喷淋塔组合的方式进行处理,实验中所产生的废气首先经由排气罩(见图 5-2-1)收集后进入风管。然后废气自上而下通过活性炭吸附罐,此过程中废气中的 90% 以上有机废气、全部微尘、颗粒物及少量无机废气将被活性炭吸附。剩余气体将从喷淋填料塔底部自下而上通过喷淋填料塔,此过程废气中的无机废气在塔内填料表层与从塔顶喷淋下来的液体吸收剂充分接触并被吸收,即可达到排放要求。循环水池的吸收剂通过不锈钢泵抽至塔顶,周而复始。

图 5-2-1 带围炉排气罩的有机实验室

二、有机类实验废液的处理

(1) 尽量分类回收溶剂(见图 5-2-2),在对实验没有妨碍的情况下,把它反复使用。

图 5-2-2 有机实验室废液分类收集桶

(2) 对于有毒有害的危险性废液,根据联合国危险化学品货物编号进行分类收集,达到一定量由特殊废液处理公司集中处理。

(3) 可溶于水的物质,容易成为水溶液流失,因此,回收时要加以注意。但是,对甲醇、乙醇及醋酸之类溶剂,能被细菌作用而易于分解,对这类溶剂的稀溶液,经用大量水稀释后，即可排放。

（4）含重金属等的废液，将其有机质分解后，作无机类废液进行处理。

三、实验室有机废液分类处理方法

实验室部分有机废液处理方法如表 5-2-1 所示。

表 5-2-1 实验室部分有机废液处理方法

分类		对象物质	浓度/$\times 10^{-6}$	处理方法
有机类废液	有害物质	多氯联苯	0.003	碱分解法、焚烧法
		有机磷化合物（农药）	1	碱分解法、焚烧法
	污染物质	酚类物质	5	焚烧法、溶剂萃取法、吸附法、氧化分解法、水解法、生物化学处理法
		石油类物质	5	
		油脂类物质	30	
		一般有机溶剂（由 C、H、O 元素组成的物质）	100	
		除上项以外的有机溶剂（含 S、N、卤素等成分的物质）	100	
		含有重金属的溶剂	100	
		其他难于分解的有机物质	100	

1. 含一般有机溶剂的废液

一般有机溶剂是指醇类、酯类、有机酸、酮及醚等由 C、H、O 元素构成的物质。对此类物质的废液中的可燃性物质，用焚烧法处理。对难于燃烧的物质及可燃性物质的低浓度废液，则用溶剂萃取法、吸附法及氧化分解法处理。再者，废液中含有重金属时，要保管好焚烧残渣。但是，对其易被生物分解的物质（即通过微生物的作用而容易分解的物质），其稀溶液经用水稀释后，即可排放。

2. 含石油、动植物性油脂的废液

此类废液包括：苯、己烷、二甲苯、甲苯、煤油、轻油、重油、润滑油、切削油、机器油、动植物性油脂及液体和固体脂肪酸等物质的废液。

对其可燃性物质，用焚烧法处理。对其难于燃烧的物质及低浓度的废液，则用溶剂萃取法或吸附法处理。对含机油之类的废液，含有重金属时，要保管好焚烧残渣。

3. 含 N、S 及卤素类的有机废液

此类废液包含的物质：吡啶，喹啉，甲基吡啶，氨基酸，酰胺，二甲基甲酰胺，二硫化碳，硫醇，烷基硫，硫脲，硫酰胺，噻吩，二甲亚砜，氯仿，四氯化碳，氯乙烯类，氯苯类，酰卤化物和含 N、S、卤素的染料，农药，颜料及其中间体等。

对其可燃性物质，用焚烧法处理。但必须采取措施除去由燃烧而产生的有害气体（如 SO_2、HCl、NO_2 等）。对多氯联苯之类物质，因难以燃烧而有一部分直接被排出，要加以注意。

对难于燃烧的物质及低浓度的废液，用溶剂萃取法、吸附法及水解法进行处理。但对氨基酸等易被微生物分解的物质，经用水稀释后，即可排放。

4. 含酚类物质的废液

此类废液包含的物质：苯酚、甲酚、萘酚等。

对其浓度大的可燃性物质，可用焚烧法处理。而浓度低的废液，则用吸附法、溶剂萃取法或氧化分解法处理。

5. 含有酸、碱、氧化剂、还原剂及无机盐类的有机类废液

此类废液包括：含有硫酸、盐酸、硝酸等酸类和氢氧化钠、碳酸钠、氨等碱类，以及过氧化氢、过氧化物等氧化剂与硫化物、联氨等还原剂的有机类废液。

首先，按无机类废液的处理方法，把它分别加以中和。然后，若有机类物质浓度大时，用焚烧法处理（保管好残渣）。能分离出有机层和水层时，将有机层焚烧，对水层或其浓度低的废液，则用吸附法、溶剂萃取法或氧化分解法进行处理。但是，对其易被微生物分解的物质，用水稀释后，即可排放。

6. 含有机磷的废液

此类废液包括：含磷酸、亚磷酸、硫代磷酸及膦酸酯类，磷化氢类以及磷系农药等物质的废液。

对其浓度高的废液进行焚烧处理（因含难于燃烧的物质多，故可与可燃性物质混合进行焚烧）。对浓度低的废液，经水解或溶剂萃取后，用吸附法进行处理。

7. 含有天然及合成高分子化合物的废液

此类废液包括：含有聚乙烯、聚乙烯醇、聚苯乙烯、聚二醇等合成高分子化合物，以及蛋白质、木质素、纤维素、淀粉、橡胶等天然高分子化合物的废液。

对其含有可燃性物质的废液，用焚烧法处理。而对难以焚烧的物质及含水的低浓度废液，经浓缩后，将其焚烧。但对蛋白质、淀粉等易被微生物分解的物质，其稀溶液可不经处理即可排放。

评价表

知识与技能	内容	记录
实验室有机废弃物处理技术	实验室有机废气的处理	
	实验室有机废液的处理	
教师评价		

知识链接

实验室废物处理

1. 源头控制

为将实验室污染物产量控制在最低限度，首先从管理入手，对污染物的产生进行首端控制，这是废物减量化的起点根本所在。为此，实验室应尽量减少药品使用量，避免浪费，实现物尽其用；推行新技术、新工艺、用无毒品代替有毒品，大力开展实验室无废低废清洁活动；比如积极采用微型化学实验，不仅具有节约试剂、减少污染、测定速度快、操作安全等特点，而且可降低水、电的消耗；对于必须采用有毒有害药品（苯、苯酚、重金属化合物等）以及对于容易引起燃烧、爆炸、挥发、有一定危险性、会对环境造成较大污染的实验，可采用多媒体仿真手段完成。

2. 分类收集

针对危险废物，实验室废物收集系统包括各实验室收集系统和学校集中收集系统。

3. 定点贮存

由于实验室污染物成分的特殊性，拟建一全校性的实验室危险废物集中存放站，存放站应配备防雨、防渗设施，同时，应做好周边环境保护工作。各实验室及学校危废存放站须配备专门容器对不同种类污染物进行分别盛装，并应避光，避免高温，以防止加速化学反应。通过分类收集提高污染废物回收利用水平和无害化处置水平。

各实验室无法自行处理的危险污染物在各实验室定点存放，待达到一定数量后转交学校集中存放站贮存。

4. 合理处置

对于已经产生的一般废物由各实验室自行处理；对于气态污染物，主要采用吸收法处理，或是采取通风抽风等稀释措施使之达标排放；对于废液及废固，主要处理方式为稀释排放和废品回收或再利用。

对于危险废物，有条件的实验室可以按成熟的工艺自行处理或部分自行处理，一些污染严重的实验室还应该设置专门的处理设施以便于污染物得到及时有效的控制，比如萃取回收、化学沉淀、氧化还原、混凝絮凝等。而对已无回收利用价值、不能或自行处理费用较高的污染物，交由学校集中统一处理，或者委托具有危险物处理资质的单位进行清理和处置。

其中大量的废酸、废碱液可进行集中中和处理，pH值达到6～9后，再排入下水道；对某些废液可用包括絮凝、沉淀等净水处理设施对其集中处理，清液达标后可排放；对可燃性有机物可用焚烧法集中处理（如产生有毒有害气体应加入洗气装置），特别是对于大量实验室有机废液采用常规生物化学（如厌氧发酵、臭氧氧化）等方法处理，难以达到无害化处理要求，目前国外通常采用焚烧法处理。日本80%以上的国立大学建立了实验室有机废液焚烧中心，负责实验室有机废液的处理。焚烧法具有处理时间短、投资少、占地少等优点。比较适用于实验室产生的高浓度有机废液的处理，值得我们参考借鉴。

有机溶剂的回收与提纯

实验用过的有机溶剂有些可以回收。回收有机溶剂通常先在分液漏斗中洗涤，将洗涤后的有机溶剂进行蒸馏或分馏处理加以精制、纯化。所得有机溶剂纯度较高，可供实验重复使用。整个回收过程应在通风柜中进行。

1. 三氯甲烷废液的回收与提纯

将三氯甲烷废液顺序用水、浓硫酸（三氯甲烷量的十分之一）、纯水、0.5%盐酸羟胺（分析纯）溶液洗涤。用重蒸馏水洗涤三氯甲烷两次，将洗好的三氯甲烷用无水氯化钙脱水，放置几天，过滤后蒸馏。蒸馏速率为1～2滴/s，收集沸程60～62℃的馏出液，保存于棕色带磨口塞的试剂瓶中。

如果三氯甲烷中杂质较多，可以用自来水洗涤之后，预蒸馏一次，除去大部分杂质，然后再按上法处理。对用蒸馏法仍不能除去的有机杂质，可用活性炭吸附纯化。

2. 乙醚废液的回收与提纯

将乙醚废液用水洗涤一次，中和（石蕊试纸检查），用0.5%高锰酸钾洗至紫色不褪，再用水洗，然后用0.5%～1%硫酸亚铁铵溶液洗涤，除去过氧化物。用纯水洗涤乙醚二次，弃去水层，用无水氯化钙干燥，放置过夜，过滤，蒸馏。在45℃的水浴上加热蒸馏，收集沸程为33.5～34.5℃的馏出液，装于棕色磨口塞试剂瓶中。蒸馏瓶中残液量不得少于60mL。如果纯度不够，可重蒸馏一次。

3. 石油醚废液的回收与提纯

将石油醚废液用10%氢氧化钠溶液洗涤一次，再用纯水洗涤两次，除去水层，加入无水氯化钙干燥、过滤，在水浴上蒸馏出石油醚，收集60℃以上的馏出液保存备用。

4. 乙酸乙酯废液的回收与提纯

将乙酸乙酯废液用水洗涤几次，然后用硫代硫酸钠稀溶液洗几次使之褪色，再用纯水洗几次，除去水层，加入无水碳酸钾脱水，放置几天，过滤、蒸馏。弃去开始蒸出的馏分，收集沸程为76～77℃的馏出液备用。

5. 四氯化碳废液的回收与提纯

（1）含双硫腙的四氯化碳：先用硫酸洗涤一次，再用纯水洗涤两次，除去水层，加入无水氯化钙干燥、过滤、蒸馏，收集沸程为76～78℃的馏出液。

（2）含铜试剂的四氯化碳：用纯水洗涤两次后，用无水氯化钙干燥、过滤、蒸馏。

（3）含碘的四氯化碳：在四氯化碳废液中滴加三氯化钛至溶液呈无色了，用纯水洗涤两次，弃去水层，用无水氯化钙脱水，过滤、蒸馏。

6. 苯废液的回收与提纯

（1）含丁基罗丹明B、结晶紫或孔雀绿或其他碱性染料的苯：先用硫酸洗涤一次，再用纯水洗涤两次，除去水层，以无水氯化钙干燥，在水浴上蒸馏，收集80～81℃的中段馏出液，保存于带磨口塞的试剂瓶中。

（2）1-苯基-3-甲基-4-苯甲酰基-5-吡唑啉酮［(PMBP)-苯］的回收：在废PMBP-苯液中加入1+1盐酸（体积比为3有机层：1水层）洗涤2～3次，再用纯水洗涤3～4次，弃去水层即可复用。

任务总结

技能点	知识点
➤ 能对实验室有机废弃物进行无害化、资源化、减量化处理	➤ 实验室常见有机废弃物的特点 ➤ 实验室有机废弃物对环境的危害及无害化处理的必要性

思考题

1. 分析本单位、学校实验室有机废弃物的来源与危害。
2. 查找、收集学校、单位实验室对有机废弃物处理的规定、方法、流程。

项目六

实验室安全管理

项目导入

案例：某实验室新进一台原子吸收分光光度计，该仪器在实验人员调试过程中发生爆炸，爆炸产生的冲击波将窗户内层玻璃全部震碎，仪器上的盖崩起 2m 多高后崩离 3m 多远。当场波及到 3 人，其中 2 人轻伤，另 1 人由于一块长约 0.5cm 的玻璃射入眼内，住院治疗。

事故原因：仪器内部用聚乙烯管连接燃气乙炔，但接头处漏气，实验人员在使用过程中安全检查不到位。查明原因后，厂家更换一台新的原子吸收分光光度计，并把仪器内部的连接管全部换成不锈钢管。

实验室安全管理是实验室管理的重要组成部分。水、电、气的安全使用、仪器设备的正确操作、危险化学品的安全使用和管理等，都属于实验室的安全管理范畴，实验室安全管理如果不当，将对人的健康和安全、环境造成极大的威胁。

学习目标

1. 能对实验室危险化学品按性质进行分类，能准确说出实验室危险化学品的贮存要求，能严格执行实验室危险化学品管理制度。
2. 能对实验室仪器设备进行简单维护和保养，能严格执行实验室仪器设备管理制度。
3. 能对实验室药品试剂账册、仪器设备技术档案、原始记录及数据档案进行管理。

工作任务

1. 管理实验室危险化学品。
2. 管理实验室仪器设备。
3. 管理实验室档案。

任务一　管理实验室危险化学品

任务准备

实验室危险化学品侵害人体的方式及途径

方式	途径
吸入	通过呼吸吸入化学品的蒸气、粉尘
渗透	通过皮肤或黏膜接触进入人体
误食	通过消化系统进入人体
意外事故	燃烧、爆炸、泄漏等

任务简介

实验室危险化学品，是指具有毒害、腐蚀、爆炸、燃烧、助燃、放射性等危险性质，对人体、设施、环境具有危害的化学品。鉴于危险化学品的危害作用，需要实验室管理人员及实验操作人员能够对其按性质进行分类并按要求贮存，同时在申购和采购、验收入库和管理领用过程中严格执行实验室危险化学品管理制度。

任务目标

1. 能对实验室危险化学品按性质进行分类。
2. 能对实验室危险化学品按要求贮存。
3. 能按实验室危险化学品管理制度执行。

内容

一、实验室危险化学品的分类

按我国目前已经颁布的标准，将危险化学品依据性质分为八大类（其主要性质包括 6 种，见图 6-1-1），每一类又分为若干项。总结归纳的内容见表 6-1-1。

表 6-1-1　危险化学品的分类

危险化学品类型	特性
爆炸品	1. 容易发生爆炸危险的物质和物品，如高氯酸 2. 容易燃烧或可能发生爆炸危险的物质和物品，如二亚硝基苯 3. 具有潜在爆炸性的物质和物品，如四唑并-1-乙酸
压缩气体液化气体	1. 易燃气体，如氢气、一氧化碳、甲烷等 2. 不燃气体（包括助燃气体），如氮气、氧气等 3. 有毒气体，如液氯、液氨等
易燃液体	如乙醛、丙酮、苯、甲醇、环辛烷、氯苯、苯甲醚等

续表

危险化学品类型	特　性
易燃固体 自燃物品 遇湿易燃物品	1. 易燃固体,指燃点低,对热、撞击、摩擦敏感,易被外部火源点燃,迅速燃烧,能散发有毒烟雾或有毒气体的固体。如红磷、硫黄等 2. 自燃物品,指自燃点低,在空气中易于发生氧化反应放出热量,而自行燃烧的物品。如黄磷、氯化钛等 3. 遇湿易燃物品,指遇水或受潮时,发生剧烈反应,放出大量易燃气体和热量的物品,有的不需明火,就能燃烧或爆炸。如金属钠、氢化钾等
有机过氧化物氧化剂	1. 有机过氧化物,指分子结构中含有过氧键的有机物,其本身易燃易爆、极易分解,对热、震动和摩擦极为敏感。如过氧化苯甲酰、过氧化甲乙酮等; 2. 氧化剂,指具有强氧化性,易分解放出氧和热量的物质,对热、震动和摩擦比较敏感。如氯酸铵、高锰酸钾等
有毒品	各种氰化物、砷化物、化学农药等
腐蚀品	1. 酸性腐蚀品,如硫酸、硝酸、盐酸等; 2. 碱性腐蚀品,如氢氧化钠、硫氢化钙等; 3. 其他腐蚀品,如二氯乙醛、苯酚钠等
放射性物品	含有放射性同位素的酸、碱、盐类等,如铀-238、钴-60、硝酸钍等

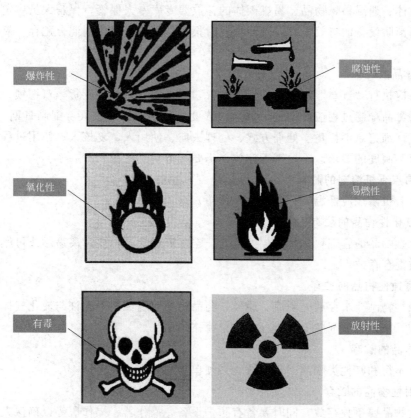

图 6-1-1　危险化学品的性质

二、实验室危险化学品的贮存

贮存、使用危险化学品,应当根据危险化学品的种类、特性,在库房等作业场所设置相应的监测、通风、防晒、调温、防火、灭火、防爆、泄压、防毒、消毒、中和、防潮、防雷、防静电、防腐、防渗漏、防护围堤或者隔离操作等安全设施、设备，并按照国家标准和国家有关规定进行维护、保养，保证符合安全运行要求。根据危险化学品的分类情况，其具体贮存设备如图6-1-2所示。

图6-1-2 危险化学品贮存设备

1. 易燃液体、遇湿易燃物品、易燃固体的贮存

易燃液体、遇湿易燃物品、易燃固体的存放要专库专人保管，保管人员应定期检查存放安全和库房消防设备的有效性，发现问题及时报告。不得与氧化剂混合贮存。氧化剂要单独存放。

2. 剧毒品的贮存

剧毒品应执行"五双"制度，即双人验收，双人保管，双人发货，双把锁，双本账的管理体制。剧毒品配制过程应详细记录数量、浓度、配制人、复核人、配制日期、有效期等；使用过程应详细记录消耗量、处理方式、处理去向、使用人、复核人；使用过程中的保存应符合"五双"制度的要求。不要露天存放，不要接近酸类物质。

3. 低沸点有机溶剂的贮存

低沸点有机溶剂应低温贮存（如防爆冰箱），防止爆炸。

4. 强氧化性物品的贮存

强氧化性物品的管理要保持存放处低温、空气流通性好。要远离易燃或可燃物，不能和易氧化物质混合存放。

5. 强腐蚀性物品的贮存

强腐蚀性物品要求存放处阴凉、通风，药品柜要耐腐蚀，不允许与液化气体和其他药品共存；强酸强碱化学试剂应上锁贮存，防止挪作他用。

6. 爆炸品的贮存

爆炸品不得和其他类物品一起存放，必须单独隔离限量贮存。

7. 放射性物品的贮存

放射性物品要单独存放，同时要备有防护设备、操作器、操作服等以确保人身安全。

三、实验室危险化学品管理制度

1. 申购和采购

由实验室危险品管理人员准确填写危险化学品的购买申请表，经相关负责人批准后统一采购。

2. 验收入库

危险化学品由实验室专人验收，验收合格，方可入库、入账。

3. 管理领用

(1) 对危险化学品实行双人（管理人员和实验室负责人）双锁保管，领用应严格控制出库数量，按需领用，减少危害性，领用时要登记备案。

(2) 对危险化学品的领用严格执行登记制度，领用人必须在使用台账、保管台账上填写名称、规格、数量、实验用途、使用地点等规定内容并签字。

(3) 使用结束后，各实验室应将危险化学品清点登记后送回危险化学品贮存室；再次使用时各实验室须根据实验需要重新履行领用手续。

(4) 定期检查危险化学品入库、出库、使用及库存数量等情况。

(5) 危险化学品必须贮存在专用贮存室内（见图 6-1-3），专用贮存室应当符合国家标准对安全、消防的要求，设置明显标志。贮存室的贮存设备和安全设施应当定期检查。贮存方式、方法与贮存数量必须遵守国家规定，如图 6-1-4 所示。

图 6-1-3　危险化学品贮存室

图 6-1-4　实验室化学品贮存柜

(6) 实验室化学品以酸、碱、有机物的分类原则分开贮存，切忌混贮（见图 6-1-5）。

图 6-1-5　实验室危险化学品分类贮存

危险化学品必须附有和危险化学品完全一致的《化学品安全技术说明书》，贮存时需参考对应的说明书。处置废弃危险化学品，依照固体废物污染环境防治法和国家有关规定执行。

（7）实验室应制定《危险化学品泄漏应急预案》，配备应急救援人员和必要的应急救援器材、设备（见图6-1-6）。危险化学品贮存室应备有合适的材料收容泄漏物，一般实验室经常使用化学品吸附棉收容泄漏物。发现危险化学品泄漏事故时，应立即组织人员排除（见图6-1-7）。

图 6-1-6　化学品泄漏应急处理设备

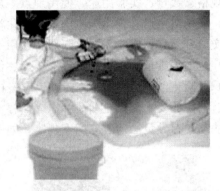
图 6-1-7　化学品泄漏现场处理

（8）实验室需采取必要的保安措施，防止剧毒化学品被盗、丢失或者误用；发现剧毒化学品被盗、丢失或者误用时，必须立即向有关部门报告。

评价表

知识与技能	内容	记录
能对实验室危险化学品按性质进行分类	危险化学品的类型及特性	
	危险化学品的性质	
能对实验室危险化学品按要求贮存	易燃液体、遇湿易燃物品、易燃固体的贮存	
	剧毒品的贮存	
	低沸点有机溶剂的贮存	
	强氧化性物品的贮存	
	强腐蚀性物品的贮存	
	爆炸品的贮存	
	放射性物品的贮存	
能按实验室危险化学品管理制度执行	危险化学品申购和采购制度	
	危险化学品验收入库制度	
	危险化学品管理领用制度	
教师评语		

知识链接

常用危险化学品标志

在盛装化学品的容器上要有明确的标志，这在防止事故发生中有着重要的作用。根据常用危险化学品的危险特性和类别，设主标志 16 种，副标志 11 种。

主标志是由表示危险特性的图案、文字说明、底色和危险品类别号四个部分组成的菱形标志（见图 6-1-8）。副标志图形中没有危险品类别号。

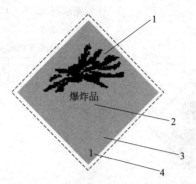

图 6-1-8　危险化学品主标志组成说明

1—危险特性的图案；2—文字说明；3—底色；4—危险品类别号

当一种危险化学品具有一种以上的危险性时，应用主标志表示主要危险性类别，并用副标志来表示重要的其他的危险性类别。

27 种常见危险化学品的标志图见表 6-1-2。

表 6-1-2　27 种常见危险化学品标志

 标志 1 爆炸品标志 图形：正在爆炸的炸弹（黑色） 文字：黑色 底色：橙红色	 标志 2 易燃气体标志 图形：火焰（黑色或白色） 文字：黑色或白色 底色：正红色
 标志 3 不燃气体标志 图形：气瓶（黑色或白色） 文字：黑色或白色 底色：绿色	 标志 4 有毒气体标志 图形：骷髅头和交叉骨形（黑色） 文字：黑色 底色：白色

项目六　实验室安全管理

 标志5 易燃液体标志 图形:火焰(黑色或白色) 文字:黑色或白色 底色:红	 标志6 易燃固体标志 图形:火焰(黑色) 文字:黑色 底色:红白相间的垂直宽条(红7、白6)
 标志7 自燃物品标志 图形:火焰(黑色或白色) 文字:黑色或白色 底色:上半部白色,下半部红色	 标志8 遇湿易燃物品标志 图形:火焰(黑色) 文字:黑色 底色:蓝色
 标志9 氧化剂标志 图形:从圆圈中冒出的火焰(黑色) 文字:黑色 底色:柠檬黄色	 标志10 有机过氧化物标志 图形:从圆圈中冒出的火焰(黑色) 文字:黑色 底色:柠檬黄色
 标志11 有毒品标志 图形:骷髅头和交叉骨形(黑色) 文字:黑色 底色:白色	 标志12 剧毒品标志 图形:骷髅头和交叉骨形(黑色) 文字:黑色 底色:白色

 标志 13 一级放射性物品标志 图形:上半部三叶形(黑色) 下半部一条垂直的红色宽条 文字:黑色 底色:上半部黄色	 标志 14 二级放射性物品标志 图形:上半部三叶形(黑色),下半部两条垂直的红色宽条 文字:黑色 底色:上半部黄色
 标志 15 三级放射性物品标志 图形:上半部三叶形(黑色) 下半部三条垂直的红色宽条 文字:黑色 底色:上半部黄色	 标志 16 腐蚀品标志 图形:上半部两个试管中液体分别向金属板和手上滴落(黑色) 文字:(下半部)白色 底色:上半部白色
 标志 17 爆炸品标志 图形:正在爆炸的炸弹(黑色) 文字:黑色 底色:橙红色	 标志 18 易燃气体标志 图形:火焰(黑色) 文字:黑色或白色 底色:红色
 标志 19 不燃气体标志 图形:气瓶(黑色或白色) 文字:黑色 底色:绿色	 标志 20 有毒气体标志 图形:骷髅头和交叉骨形(黑色) 文字:黑色 底色:白色

标志 21 易燃液体标志
图形:火焰(黑色)
文字:黑色
底色:红色

标志 22 易燃固体标志
图形:火焰(黑色)
文字:黑色
底色:红白相间的垂直宽条(红 7、白 6)

标志 23 自燃物品标志
图形:火焰(黑色)
文字:黑色或白色
底色:上半部白色,下半部红色

标志 24 遇湿易燃物品标志
图形:火焰(黑色)
文字:黑色
底色:蓝色

标志 25 氧化剂标志
图形:从圆圈中冒出的火焰(黑色)
文字:黑色
底色:柠檬黄色

标志 26 有毒品标志
图形:骷髅头和交叉骨形(黑色)
文字:黑色
底色:白色

标志 27 腐蚀品标志
图形:上半部两个试管中液体分别向金属板和手上滴落(黑色)
文字:(下半部)白色
底色:上半部白色,下半部黑色

任务总结

技能点	知识点
实验室危险化学品分类 实验室危险化学品贮存 实验室危险化学品管理制度执行	实验室危险化学品类别 实验室危险化学品贮存要求 实验室危险化学品管理制度

思考题

1. 危险化学品分为哪几类？分别说出每一类型的特性？
2. 剧毒品的贮存与管理应执行"五双"制度，"五双"是指什么？
3. 指出下面标志图的含义？

4. 使用危险化学品时应如何做好个人防护工作？
5. 说说你在实验室中应如何对危险化学品进行管理？

任务二　管理实验室仪器设备

任务准备

　　实验室的仪器设备直接用于提供检测结果或辅助检测的进行，是实验室的重要资产，也是重要检验工具，对保证检测结果的准确可靠起到至关重要的作用。实验室仪器设备是检验工作的物质保证，为确保检验工作的顺利进行，必须使之处于受控状态，这就要求实验室工作人员对仪器设备进行日常维护、保养并加强管理。实验室仪器设备是否得到有效管理，将直接关系到实验室检测水平的高低。为保证检验结果的安全可信，管理实验室仪器设备成为了实验室安全管理中较为重要的一部分。

> **任务简介**

实验室仪器设备的日常维护、保养是仪器设备管理的重要环节，其目的是为了延长仪器设备的使用寿命，保持其良好的性能及精度，是最大限度地保证仪器设备正常运转的预防性、保护性措施，是保障实验室工作正常、顺利进行的基础。管理实验室仪器设备除了需要对仪器设备进行维护保养以外，还需要建立实验室仪器设备常规管理制度并严格执行以确保仪器设备正常运转和高效安全使用。

> **任务目标**

1. 能对实验室仪器设备进行简单维护和保养。
2. 能按实验室仪器设备管理制度执行。

> **内容**

一、实验室仪器设备维护保养

1. 仪器设备维护保养的意义

仪器设备在运行过程中，由于种种原因，其技术状况必然会发生某些变化，可能影响设备的性能，甚至诱发设备故障及事故。因此，必须及时发现和排除这些隐患，才能保证仪器设备的正常运行。通常，仪器设备运行过程中，人们采取"维护保养"的手段去消除这些事故隐患（见图6-2-1）。

图6-2-1　仪器设备维护保养

2. 维护保养的内容和要求

（1）在用仪器设备的日常保养

① 对仪器设备做好经常性的清洁工作，保持仪器设备清洁（见图6-2-2）。

② 定期进行仪器设备的功能和测量精度的检测、校验以及"磨损"程度的测定。

③ 定期地润滑、防腐蚀，做防锈检查，及时发现仪器设备的变异部位及程度，并作出相应的技术处理，防患于未然。

（2）"封存"仪器设备的保养

① 凡属于"封存"的仪器设备，在封存以前必须进行全面的检查，并对其进行"防潮、防锈和防腐蚀"的密封包装，予以"封存"。

图 6-2-2　在用仪器设备日常保养

②"封存"的仪器设备应存放在清洁、干燥、阴凉、没有有害气体和灰尘侵蚀的地方（储物柜或架子上）。

③ 经常检查"封存"仪器设备的存放地点，如发现保存条件有变化，应适当"拆包"检查，长期"封存"的仪器设备也应定期"拆包"检查，以及时采取措施予以维护。

（3）备用仪器设备的保养

① 备用的仪器设备，一般情况下是不运行的，因此可以像"封存"仪器设备那样进行"防潮、防锈和防腐蚀"处理，但不需要密封，而改用活动的"罩"或"盖"，把仪器设备与外界分隔开来即可。

② 备用的仪器设备必须定期进行"试运行"，以检查其工作性能，确保其处于优良状态。发现备用仪器设备有性能变劣现象时，除了及时予以维修以外，应迅速查找原因，并及时予以消除，以确保备用仪器设备的"备用"作用。

（4）仪器设备保养的要求

① 制订仪器设备的保养制度，做到维护保养经常化、制度化，并与实验室的清洁工作结合进行，责任落实到人。

② 仪器设备的保养应坚持实行"三防四定"制度，做到"防尘、防潮、防振"和"定人保管、定点存放、定期维护和定期检修"。

③ 大型和重点仪器设备要规定"一级保养"和"二级保养"等维护保养工作周期、时间，列入工作计划并按期实施（见图 6-2-3）。

图 6-2-3　大型和重点仪器设备维护保养

二、实验室仪器设备管理制度

实验室仪器设备管理制度主要包含以下基本内容。

(1) 实验室仪器摆放合理，精密仪器不得随意移动，如图 6-2-4 所示的电子天平的摆放，大型、贵重仪器和设备由专人管理，建立仪器设备档案。

图 6-2-4　实验室电子天平

(2) 仪器设备需做到经常维护和保养，定期检查保证完好和随时能投入使用。仪器设备应保持清洁，一般应配有仪器套罩。

(3) 实验室所使用的仪器、容器应符合标准要求，保证准确可靠，凡计量器具须经计量部门检定合格方能使用。

(4) 使用仪器时，应严格按照操作规程进行，使用后按登记本内容进行登记，对违反操作规程和因保管不善致使仪器损坏，要追究当事人责任。

(5) 易被潮湿空气、酸液或碱液等侵蚀而生锈的仪器，用后应及时擦洗干净，放通风干燥处保存。

(6) 易老化变黏的橡胶制品应防止受热、光照或与有机溶剂接触，用后应洗净置于带盖容器或塑料袋中存放。

(7) 各种仪器设备（冰箱、温箱除外）使用完毕后要立即切断电源，旋钮复原归位，待仔细检查后方可离开。

(8) 仪器设备在使用中发生事故，应及时报告有关部门进行处理，并做好记录，做好后续相关工作。

(9) 仪器设备外借需经设备实验室负责人同意并须经相关部门批准。

(10) 仪器设备的转移必须办理调拨手续。仪器设备未经批准，不得擅自拆卸或改装，报废须作技术处理，抛弃须报告通知上级部门。

评价表

知识与技能	内容	记录
能对实验室仪器设备进行简单维护和保养	明确仪器设备维护保养的意义	
	掌握维护保养的内容和要求	
能按实验室仪器设备管理制度执行	说出实验室仪器设备管理制度	
	执行实验室仪器设备管理制度	
教师评语		

 **知识链接**

仪器设备事故管理

1. 仪器设备事故的概念

仪器设备运行中因非正常（意外的）损耗而致性能下降者，应视为仪器设备事故。缺乏必要的维护和保养，使仪器设备工作条件变劣；仪器设备的超负荷工作；违反仪器设备操作规程，导致仪器设备的意外破坏等，均是仪器设备事故发生的重要原因。

2. 仪器设备事故处理的基本原则

（1）立即组织事故分析和不失时机地组织抢修及其他善后工作，尽量把损失减到最小，争取仪器设备尽快恢复正常运行。重大仪器设备事故应及时报告上级部门，并保护好事故现场。

（2）在事故原因未查明以前，切不可草率开机，以免扩大事故及损失。

（3）凡因责任原因造成的损失，应追究当事人的责任。

（4）对重大事故要严肃处理，对故意破坏现场以逃避责任者应加重处理。

3. 仪器设备事故管理的具体要求

（1）事故管理要及时，发生事故应该立即进入管理状态，相关人员应及时向上级领导如实报告，并尽快实施现场控制，抑制损失。

（2）深入、细致、认真、实事求是地进行事故调查，分析事故原因，明确事故责任，为事故的正确处理以及制定相应防范措施提供依据。

（3）根据事故中相关责任人员的事故责任公平公正进行处理，达到惩前毖后和教育他人的目的。

（4）制定的防范措施必须切实可行，并加以落实。

（5）处理事故要坚持"四不放过"原则。处理事故的"四不放过"原则如下：

① 事故原因分析不清不放过；

② 事故责任人和他人没有受到教育不放过；

③ 防范措施不落实不放过；

④ 事故责任人没有受到处理不放过。

 任务总结

技能点	知识点
实验室仪器设备简单维护和保养	实验室仪器设备维护保养的内容和要求
实验室仪器设备管理制度执行	实验室仪器设备管理制度

思考题

1. 说出仪器设备维护保养的重要性，并说出对在用仪器设备如何进行日常保养？
2. 仪器设备的保养应坚持实行的"三防四定"制度是指什么？
3. 如何执行实验室仪器设备管理制度？
4. 结合实例说出仪器设备事故处理的基本原则。

任务三　管理实验室档案

任务准备

实验室档案管理存在问题及完善方法

实验室档案管理存在的问题	完善实验室档案管理的方法
1. 不重视实验室档案管理工作,无制度、无职责、无专柜、专人负责妥善保存检测记录和各种档案	1. 指定专职档案管理人员,要求由实验室专业人员担任,了解专业知识熟悉实验室各种工作任务
2. 只注重工作过程和检验结果,而忽略对资料的全面收集、整理、归档和利用分析,资料残缺、不系统,记录未完善就存档	2. 根据实际情况制定档案管理制度,统一档案格式,一般按照周期(每月、每年)归档,使实验室档案管理工作规范化、制度化 3. 提供必要的档案工作环境和设施(如文具用品装订机、防盗门锁),做好防光、防潮、防尘、防盗、防高温、防霉等工作
3. 档案管理混乱,保密意识淡薄,档案资料因管理不当损坏或丢失	4. 在日常工作任务繁重的情况下,避免年末或次年集中归档的传统做法,实现化整为零,实时归档
4. 实验室的档案繁杂,原始资料量巨大,涉及内容广泛,分类不明确	5. 督查实验室技术人员对各种记录的及时完善,将档案管理工作做为一项长期保持性、常规性的工作,建立相配套的检查机制

任务简介

实验室档案管理是实验室安全管理工作中的重要组成部分,它直接影响实验室整体管理水平,同时它是实现实验室危险化学品以及仪器设备安全管理的前提和保障,只有做好实验室档案管理工作,才能使实验室工作有组织、系统地进行。实验室档案管理工作内容广泛,其中重点需掌握管理实验室药品试剂账册的方法、管理实验室仪器设备技术档案的方法以及管理实验室原始记录及数据档案的方法。

任务目标

1. 能对实验室药品试剂账册进行管理。
2. 能对实验室仪器设备技术档案进行管理。
3. 能对实验室原始记录及数据档案进行管理。

内容

一、实验室档案管理的重要性

(1) 实验室在运行过程中产生大量的原始信息和资料,这些信息资料直接反映实验室能力水平,对于追溯实验过程中的客观性、真实性方面发挥着越来越重要的作用,没有这些信息资料就失去了实验室应有的意义。

(2) 这些信息资料也是实验室质量体系管理、运行,及质量体系有效性、符合性、真实性的反映和记载。不仅是实验室规范化管理的基础资料,也是日常工作及认证认可的重要凭据。

(3) 实验室档案是实验工作的真实记录,具有原始性、凭证性,是原始的技术凭证和法律证据,是开展调查研究的重要依据。

（4）能客观地反映实验室的管理水平和检验质量；能增强领导决策的科学性；可以提高产品质量控制水平。

实验室档案资料在实验室开展工作过程中发挥了较为重要的作用。实验室档案管理是帮助发挥实验室档案作用的保障,它是实验室管理工作中一个极其重要的组成部分,如图6-3-1所示。

图 6-3-1　实验室档案管理

二、实验室药品试剂账册管理

（1）实验室药品试剂应由专人管理,购买、存放及领用要建立严格的账册和管理制度,所有药品必须有明显的标志。对字迹不清的标签要及时更换,对没有标签的药品不准使用,并要进行妥善处理。

（2）药品购进后,及时验收、记账,存放过程中定期检查药品试剂是否过期,过期药品试剂应及时妥善处置并销账,同时需要清楚掌握药品的消耗和库存数量。

（3）定期对化学危险品的包装、标签、状态进行认真检查,并核对库存量,务使账物一致。

（4）药品试剂的领用应有登记记录,剧毒药品试剂的领用需严格控制并执行剧毒药品试剂管理制度。

（5）标准物质应按规定存放,定期检查是否完好,每次使用必须有相应的记录。标准物质证书统一存放在资料柜中。

（6）不外借（给）药品,特殊需要借（给）药品时,必须有相应的记录并经实验室相关负责人批准签字。

三、实验室仪器设备技术档案管理

1. 仪器设备技术档案

仪器设备的技术档案,应从提出申请采购的时候开始建立。仪器设备的技术档案包括原始档案和使用档案。

（1）原始档案　包括申请采购报告、订货单（合同）、验收记录及随同仪器设备附带的全部技术资料等。

(2) 使用档案

① 仪器设备使用工作日志及使用记录、维护及保养记录等。

② 仪器设备履历卡，内容包括故障的发生时间、故障现象、原因、处理等记录；维修记录；检定证书（或记录）；质量鉴定及精度校核记录；改造（改装）记录等。

2. 实验室仪器设备技术档案管理

(1) 仪器设备的技术档案应于申请采购时即建立。

(2) 仪器设备的技术档案必须收录所有与该仪器设备有关的技术资料，包括主要生产厂家或供应商的产品介绍资料、说明书等书面材料（见图 6-3-2）。

图 6-3-2　实验室仪器设备技术档案收录的有关技术资料

(3) 仪器设备从验收到报废的整个寿命周期中，发生的所有故障现象及其处理均应详细如实记录，并按发生时间先后次序归档（特殊状况者可以另列专项目录，以方便查阅）。

(4) 所有仪器设备技术档案必须妥善保管，不得随意销毁。属于报废或淘汰的仪器设备的技术档案的处理，应报告相关管理部门，并按批复进行处理。

四、实验室原始记录及数据档案管理

实验记录是指在实验室中进行检测过程中，应用实验、观察、调查或资料分析等方法，根据实际情况直接记录或统计形成的各种数据、文字、图表、图片、照片、声像等原始资料，是进行实验过程中对所获得的原始资料的直接记录。实验室原始记录及数据应该能反映实验中最真实最原始的情况。

1. 实验室原始记录及数据

实验记录的统一标准格式，要求实验记录必须有下列主要内容：实验名称、实验内容、实验日期、实验条件、实验材料、实验过程、实验结果、实验结论及记录者签名。

2. 实验室原始记录及数据的管理

(1) 实验记录必须用统一格式带有页码编号的专用实验记录本记录。

(2) 实验记录本或记录纸应保持完整。

(3) 实验记录应用字规范，须用蓝色或黑色字迹的钢笔或签字笔书写。不得使用铅笔或其他易褪色的书写工具书写。实验记录应使用规范的专业术语，计量单位应采用国际标准计量单位，有效数字的取舍应符合实验要求；常用的外文缩写（包括实验试剂的外文缩写）应符合规范，首次出现时必须用中文加以注释；属外文译文的应注明其外文全称。

（4）实验记录不得随意删除、修改或增减数据。如必须修改，须在修改处画一斜线，不可完全涂黑，保证修改前记录能够辨认，并应由修改人签字或盖章，注明修改时间。

（5）计算机、自动记录仪器打印的图表和数据资料等应按顺序粘贴在记录纸的相应位置上，并在相应处注明实验日期和时间；不宜粘贴的，可另行整理装订成册并加以编号，同时在记录本相应处注明，以便查对；底片、磁盘文件、声像资料等特殊记录应装在统一制作的资料袋内或储存在统一的存储设备里，编号后另行保存。

（6）实验记录必须做到及时、真实、准确、完整，防止漏记和随意涂改。严禁伪造和编造数据。

（7）实验记录应妥善保存，避免水浸、墨污、卷边，保持整洁、完好、无破损、不丢失。

（8）对环境条件敏感的实验，应记录当天的天气情况和实验的微气候（如光照、通风、洁净度、温度及湿度等）。

（9）实验过程中应详细记录实验过程中的具体操作，观察到的现象，异常现象的处理，产生异常现象的可能原因及影响因素的分析等。

（10）实验记录中应记录所有参加实验的人员；每次实验结束后，应由记录人签名，另一人复核，实验室负责人审核。

（11）原始实验记录本必须按归档要求整理归档，实验者个人不得带走。

（12）各种原始资料应分类保存，确保容易查找。

评价表

知识与技能	内容	记录
说出实验室档案管理的重要性	明确实验室档案管理的重要性	
能对实验室药品试剂账册进行管理	实验室药品试剂账册管理	
能对实验室仪器设备技术档案进行管理	明确仪器设备技术档案的内容	
	实验室仪器设备技术档案管理	
能对实验室原始记录及数据档案进行管理	明确实验室原始记录及数据档案的内容	
	实验室原始记录及数据档案管理	
教师评语		

 知识链接

实验室档案资料的归档和管理

1. 档案资料归档

档案管理人员应按实验室制定的程序文件中有关档案管理的相关条款要求，及时将收集的技术资料和质量资料，分门别类地进行分类、造册、立卷，在规定时间将档案资料归档保存。

2. 档案资料管理

（1）文件控制。所有受控文件需加盖受控文件章，编写受控文件号后发放。受控文件需补发时，需说明原因，经批准后方可补发。文件修改、更新应执行实验室相关程序文件规定。

(2) 档案资料借阅。检验记录文件的查（借）阅需遵守保密制度，应经单位领导批准后方可查（借）阅，原则上不能带出档案室，复印的资料需加盖复印标识章方可带走，查阅后立即归还，原则上不向外单位人员提供检验记录文件。

(3) 档案资料的保存和期限。档案应由专人保管，保存场所设施应安全、保密、防火、防潮、防虫、防辐射。并按档案保存有关规定分别制定不同的保存期限。

(4) 档案资料的处置。保存期限已满的记录档案及作废的受控文件，应经相关负责人批准，在监督人员的监督下处理或销毁，并做好处理和销毁记录。

 任务总结

技能点	知识点
实验室药品试剂账册管理 实验室仪器设备技术档案管理 实验室原始记录及数据档案管理	实验室档案管理的重要性

思考题

1. 简述实验室档案管理的重要性。
2. 实验室药品试剂账册管理的要点是什么？
3. 简述实验室仪器设备技术档案的内容和管理要求。
4. 实验室原始记录及数据的主要内容有哪些？如何对实验室原始记录及数据档案进行管理？

附　录

附录一　危险货物分类和品名编号（GB 6944—2012）

前　言

本标准的第 4 章和第 5 章为强制性的，其余为推荐性的。

本标准对应于联合国《关于危险货物运输的建议书规章范本》（第 13 修订版第 2 部分：分类），与其一致性程度为非等效。其有关技术内容与上述《规章范本》完全一致，在标准文本格式上按 GB/T 1.1—2000 进行了编辑性修改。

本标准代替 GB 6944—86《危险货物分类和品名编号》。

本标准与 GB 6944—86 的差异如下：

——修改和补充了原标准中不同危险货物类、项的判据和定义；

——适当调整了原标准中危险货物的类别和项别；

——第 7 类"放射性物品"，根据 GB 11806 的规定进行了重新定义；

——修改了原标准中危险货物品名的编号方法。

本标准由中华人民共和国交通部提出。

本标准由全国危险化学品管理标准化技术委员会（SAC/TC 251）归口。

本标准负责起草单位：交通部水运科学研究所。

本标准参加起草单位：中国石油化工集团公司安全工程研究院、中化化工标准化研究所、湖南湘铝有限责任公司。

本标准主要起草人：吴维平、顾慧丽、褚家成、陈正才、张海峰、王小兵、李运才、范贵根、孙庆义。

本标准所代替标准的历次版本发布情况为：GB 6944—1986。

危险货物分类和品名编号

1. 范围

本标准规定了危险货物的分类和编号。

本标准适用于危险货物运输、贮存、生产、经营、使用和处置。

2. 规范性引用文件

下列文件中的条款通过本标准的引用而成为本标准的条款。凡是注日期的引用文件，其随后所有的修改单（不包括勘误的内容）或修订版均不适用于本标准，然而，鼓励根据本标准达成协议的各方研究是否可使用这些文件的最新版本。凡是不注日期的引用文件，其最新版本适用于本标准。

GB 11806 放射性物质安全运输规程

3. 术语和定义

下列术语和定义适用于本标准。

3.1 危险货物 dangerous goods

具有爆炸、易燃、毒害、感染、腐蚀、放射性等危险特性，在运输、贮存、生产、经营、使用和处置中，容易造成人身伤亡、财产损毁或环境污染而需要特别防护的物质和物品。

3.2 爆炸性物质 explosive substances

固体或液体物质（或这些物质的混合物），自身能够通过化学反应产生气体，其温度、压力和速度高到能对周围造成破坏，包括不放出气体的烟火物质。

3.3 烟火物质 pyrotechnic substances

能产生热、光、声、气体或烟的效果或这些效果加在一起的一种物质或物质混合物，这些效果是由不起爆的自持放热化学反应产生的。

3.4 爆炸性物品 explosive articles

含有一种或几种爆炸性物质的物品。

3.5 整体爆炸 mass detonation or explosion of total contents

指瞬间能影响到几乎全部载荷的爆炸。

3.6 自反应物质 self-reactive substances

即使没有氧（空气）存在时，也容易发生激烈放热分解的热不稳定物质。

3.7 固态退敏爆炸品 solid desensitized explosives

用水或乙醇湿润或用其他物质稀释形成一种均匀的固体混合物，以抑制其爆炸性质的爆炸性物质。

3.8 液态退敏爆炸品 liquid desensitized explosives

溶解或悬浮在水中或其他液态物质中形成一种均匀的液体混合物，以抑制其爆炸性质的爆炸性物质。

3.9 发火物质 pyrophoric substances

指即使只有少量物品与空气接触，在不到 5min 内便能燃烧的物质，包括混合物和溶液（液体和固体）。

3.10 自热物质 self-heating substances

发火物质以外的与空气接触不需要能源供应便能自己发热的物质。

3.11 口服毒性半数致死量 LD_{50} LD_{50}（median lethal dose）for acute oral toxicity

是经过统计学方法得出的一种物质的单一计量，可使青年白鼠口服后，在 14d 内死亡一半的物质剂量。

3.12 皮肤接触毒性半数致死量 LD_{50} LD_{50} for acute dermal toxicity

是使白兔的裸露皮肤持续接触 24h，最可能引起这些试验动物在 14d 内死亡一半的物质剂量。

3.13 吸入毒性半数致死浓度 LC_{50}

LC_{50} for acute toxicity on inhalation

是使雌雄青年白鼠连续吸入 1h，最可能引起这些试验动物在 14d 内死亡一半的蒸气、烟雾或粉尘的浓度。

3.14 病原体 pathogens

指可造成人或动物感染疾病的微生物（包括细菌、病毒、立克次氏体、寄生虫、真菌）或其他媒介（微生物重组体包括杂交体或突变体）。

3.15 高温物质 elevated temperature substances

指在液态温度达到或超过100℃，或固态温度达到或超过240℃条件下运输的物质。

3.16 危害环境物质 environmentally hazardous substances

对环境或生态产生危害的物质，包括对水体等环境介质造成污染的物质以及这类物质的混合物。

3.17 经过基因修改的微生物或组织 genetically modified micro-organisms and organisms

指有目的地通过基因工程，以非自然发生的方式改变基因物质的微生物和组织，该微生物和组织不能满足感染性物质的定义，但可通过非正常天然繁殖结果的方式使动物、植物或微生物发生改变。

3.18 联合国编号 UN number

由联合国危险货物运输专家委员会编制的4位阿拉伯数编号，用以识别一种物质或一类特定物质。

4. 分类

按危险货物具有的危险性或最主要的危险性分为9个类别。有些类别再分成项别。类别和项别的号码顺序并不是危险程度的顺序。

4.1 第1类 爆炸品

包括：

a) 爆炸性物质；

b) 爆炸性物品；

c) 为产生爆炸或烟火实际效果而制造的上述2项中未提及的物质或物品。

第1类划分为6项。

4.1.1 第1.1项 有整体爆炸危险的物质和物品

4.1.2 第1.2项 有迸射危险，但无整体爆炸危险的物质和物品

4.1.3 第1.3项 有燃烧危险并有局部爆炸危险或局部迸射危险或这两种危险都有，但无整体爆炸危险的物质和物品

本项包括：

a) 可产生大量辐射热的物质和物品；

b) 或相继燃烧产生局部爆炸或迸射效应或两种效应兼而有之的物质和物品。

4.1.4 第1.4项 不呈现重大危险的物质和物品

本项包括运输中万一点燃或引发时仅出现小危险的物质和物品；其影响主要限于包件本身，并预计射出的碎片不大、射程也不远，外部火烧不会引起包件内全部内装物的瞬间爆炸。

4.1.5 第1.5项 有整体爆炸危险的非常不敏感物质

本项包括有整体爆炸危险性、但非常不敏感以致在正常运输条件下引发或由燃烧转为爆炸的可能性很小的物质。

4.1.6 第1.6项 无整体爆炸危险的极端不敏感物品

本项包括仅含有极端不敏感起爆物质、并且其意外引发爆炸或传播的概率可忽略不计的

物品。

注：该项物品的危险仅限于单个物品的爆炸。

4.2 第2类 气体

本类气体指：

a) 在50℃时，蒸气压力大于300kPa的物质；

b) 或20℃时在101.3kPa标准压力下完全是气态的物质。

本类包括压缩气体、液化气体、溶解气体和冷冻液化气体、一种或多种气体与一种或多种其他类别物质的蒸气的混合物、充有气体的物品和烟雾剂。

第2类根据气体在运输中的主要危险性分为3项。

4.2.1 第2.1项 易燃气体

本项包括在20℃和101.3kPa条件下：

a) 与空气的混合物按体积分类占13%或更少时可点燃的气体；或

b) 不论易燃下限如何，与空气混合，燃烧范围的体积分数至少为12%的气体。

4.2.2 第2.2项 非易燃无毒气体

在20℃压力不低于280kPa条件下运输或以冷冻液体状态运输的气体，并且是：

a) 窒息性气体——会稀释或取代通常在空气中的氧气的气体；或

b) 氧化性气体——通过提供氧气比空气更能引起或促进其他材料燃烧的气体；或

c) 不属于其他项别的气体。

4.2.3 第2.3项 毒性气体

本项包括：

a) 已知对人类具有的毒性或腐蚀性强到对健康造成危害的气体；或

b) 半数致死浓度LC_{50}值不大于$5000mL/m^3$，因而推定对人类具有毒性或腐蚀性的气体。

注：具有两个项别以上危险性的气体和气体混合物，其危险性先后顺序为2.3项优先于其他项，2.1项优先于2.2项。

4.3 第3类 易燃液体

本类包括：

a) 易燃液体

在其闪点温度（其闭杯试验闪点不高于60.5℃，或其开杯试验闪点不高于65.6℃）时放出易燃蒸气的液体或液体混合物，或是在溶液或悬浮液中含有固体的液体；本项还包括：

在温度等于或高于其闪点的条件下提交运输的液体；或

以液态在高温条件下运输或提交运输、并在温度等于或低于最高运输温度下放出易燃蒸气的物质。

b) 液态退敏爆炸品

4.4 第4类 易燃固体、易于自燃的物质、遇水放出易燃气体的物质

第4类分为3项。

4.4.1 第4.1项 易燃固体

本项包括：

a) 容易燃烧或摩擦可能引燃或助燃的固体；

b) 可能发生强烈放热反应的自反应物质;
c) 不充分稀释可能发生爆炸的固态退敏爆炸品。

4.4.2 第4.2项 易于自燃的物质

本项包括:
a) 发火物质;
b) 自热物质。

4.4.3 第4.3项 遇水放出易燃气体的物质

与水相互作用易变成自燃物质或能放出危险数量的易燃气体的物质。

4.5 第5类 氧化性物质和有机过氧化物

第5类分为2项。

4.5.1 第5.1项 氧化性物质

本身不一定可燃,但通常因放出氧或起氧化反应可能引起或促使其他物质燃烧的物质。

4.5.2 第5.2项 有机过氧化物

分子组成中含有过氧基的有机物质,该物质为热不稳定物质,可能发生放热的自加速分解。该类物质还可能具有以下一种或数种性质:
a) 可能发生爆炸性分解;
b) 迅速燃烧;
c) 对碰撞或摩擦敏感;
d) 与其他物质起危险反应;
e) 损害眼睛。

4.6 第6类 毒性物质和感染性物质

第6类分为2项

4.6.1 第6.1项 毒性物质

经吞食、吸入或皮肤接触后可能造成死亡或严重受伤或健康损害的物质。

毒性物质的毒性分为急性口服毒性、皮肤接触毒性和吸入毒性。分别用口服毒性半数致死量LD_{50}、皮肤接触毒性半数致死量LD_{50},吸入毒性半数致死浓度LC_{50}衡量。

经口摄取半数致死量:固体$LD_{50} \leqslant 200mg/kg$,液体$LD_{50} \leqslant 500mg/kg$;经皮肤接触24h,半数致死量$LD_{50} \leqslant 1000mg/kg$;粉尘、烟雾吸入半数致死浓度$LC_{50} \leqslant 10mg/L$的固体或液体。

4.6.2 第6.2项 感染性物质

含有病原体的物质,包括生物制品、诊断样品、基因突变的微生物、生物体和其他媒介,如病毒蛋白等。

4.7 第7类 放射性物质

含有放射性核素且其放射性活度浓度和总活度都分别超过GB 11806规定的限值的物质。

4.8 第8类 腐蚀性物质

通过化学作用使生物组织接触时会造成严重损伤、或在渗漏时会严重损害甚至毁坏其他货物或运载工具的物质。

腐蚀性物质包含与完好皮肤组织接触不超过 4h，在 14d 的观察期中发现引起皮肤全厚度损毁，或在温度 55℃时，对 S235JR+Cr 型或类似型号钢或无覆盖层铝的表面均匀年腐蚀率超过 6.25mm/a 的物质。

4.9 第 9 类 杂项危险物质和物品

具有其他类别未包括的危险的物质和物品，如：

a）危害环境物质；

b）高温物质；

c）经过基因修改的微生物或组织。

5. 品名编号

危险货物品名编号采用联合国编号。

每一危险货物对应一个编号，但对其性质基本相同，运输、储存条件和灭火、急救、处置方法相同的危险货物，也可使用同一编号。

附录二　国家危险废物名录

（1998 年 1 月 4 日，国家环保局、国家经贸委、外经贸部、公安部颁布，1998 年 7 月 1 日实施环发〔1998〕089 号）

国家危险废物名录说明

一、为防止危险废物对环境的污染，加强对危险废物的管理，保护环境和保障人民身体健康，根据《中华人民共和国固体废物污染环境防治法》，制定《国家危险废物名录》。

二、国家制定《危险废物鉴别标准》。凡《名录》中所列废物类别高于鉴别标准的属危险废物，列入国家危险废物管理范围；低于鉴别标准的，不列入国家危险废物管理。

三、对需要制定危险废物鉴别标准废物类别，在其鉴别标准颁布以前，仅作为危险废物登记使用。

四、危险废物的管理按照《中华人民共和国固体废物污染环境防治法》中有关危险废物的管理条款执行。

五、本次公布的《国家危险废物名录》为第一批执行《名录》。随着经济和科学技术的发展，《国家危险废物名录》将不定期修订。

六、本《名录》由国家环境保护总局负责解释。

编号	废物类别	废物来源	常见危害组分或废物名称
HW01	医院临床废物	从医院、医疗中心和诊所的医疗服务中产生的临床废物 ——手术、包扎残余物 ——生物培养、动物试验残余物 ——化验检查残余物 ——传染性废物 ——废水处理污泥	手术残物，敷料、化验废物，传染性废物，动物试验废物

编号	废物类别	废物来源	常见危害组分或废物名称
HW02	医药废物	从医用药品的生产制作过程中产生的废物,包括兽药产品(不含中药类废物) ——蒸馏及反应残余物 ——高浓度母液及反应基或培养基废物 ——脱色过滤(包括载体)物 ——用过废弃的吸附剂、催化剂、溶剂 ——生产中产生的报废药品及过期原料	废抗菌药、甾类药、抗组织胺类药、镇痛药、心血管药、神经系统药、杂药,基因类废物
HW03	废药物、药品	过期、报废的无标签的及多种混杂的药物、药品(不包括HW01,HW02类中的废药品) ——生产中产生的报废药品(包括药品废原料和中间体反应物) ——使用单位(科研、监测、学校、医疗单位、化验室等)积压或报废的药品(物) ——经营部门过期的报废药品(物)	废化学试剂,废药品,废药物
HW04	农药废物	来自杀虫、灭菌、除草、灭鼠和植物生长调节剂的生产、经销、配制和使用过程中产生的废物 ——蒸馏及反应残余物 ——生产过程母液及(反应罐及容器)清洗液 ——吸附过滤物(包括载体,吸附剂,催化剂) ——废水处理污泥 ——生产、配制过程中的过期原料 ——生产、销售、使用过程中的过期和淘汰产品 ——沾有农药及除草剂的包装物及容器	有机磷杀虫剂、有机氯杀虫剂、有机氮杀虫剂、氨基甲酸酯类杀虫剂、拟除虫菊酯类杀虫剂、杀螨剂、有机磷杀菌剂、有机氯杀菌剂、有机硫杀菌剂、有机锡杀菌剂、有机氮杀菌剂、醌类杀菌剂、无机杀菌剂、有机肼杀虫剂、氨基甲酸酯类除草剂、酸类除草剂、酚类除草剂、酰胺类除草剂、取代脲类除草剂、苯氧羧酸类除草剂、均三氮苯类除草剂、无机除草剂
HW05	木材防腐剂废物	从木材防腐化学品的生产、配制和使用中产生的废物(不包括与HW04类重复的废物) ——生产单位生产中产生的废水处理污泥、工艺反应残余物,吸附过滤及载体 ——使用单位积压、报废或配制过剩的木材防腐化学品 ——销售经营部门报废的木材防腐化学品	含五氯酚,苯酚,2-氯酚,甲酚,对氯间甲酚,三氯酚,屈萘,四氯酚,杂酚油,萤蒽,苯并[a]芘,2,4-二甲酚,2,4-二硝基酚,苯并[b]萤蒽,苯并[a]蒽,二苯并[a]蒽的废物
HW06	有机溶剂废物	从有机溶剂生产、配制和使用过程中产生的废物(不包括HW42类的废有机溶剂) ——有机溶剂的合成、裂解、分离、脱色、催化、沉淀、精馏等过程中产生的反应残余物,吸附过滤物及载体 ——配制和使用过程中产生的含有机溶剂的清洗杂物	废催化剂,清洗剥离物,反应残渣及滤渣,吸附物与载体废物
HW07	热处理含氰废物	从含有氰化物热处理和退火作业中产生的废物 ——金属含氰热处理 ——含氰热处理回火池冷却 ——含氰热处理炉维修 ——热处理渗碳炉	含氰热处理钡渣,含氰污泥及冷却液,含氰热处理炉内衬,热处理渗碳氰渣

续表

编号	废物类别	废物来源	常见危害组分或废物名称
HW08	废矿物油	不适合原来用途的废矿物油 ——来自于石油开采和炼制产生的油泥和脚脚 ——矿物油类仓储过程中产生的沉积物 ——机械、动力、运输等设备的更换及清洗油(泥) ——金属轧制、机械加工过程中产生的废油(渣) ——含油废水处理过程中产生的废油及油泥 ——油加工和油再生过程中产生的油渣及过滤介质	废机油、原油、液压油、真空泵油、柴油、汽油、重油、煤油、热处理油、樟脑油、润滑油(脂)、冷却油
HW09	废乳化液	从机械加工、设备清洗等过程中产生的废乳化液、废油水混合物 ——生产、配制、使用过程中产生的过剩乳化液(膏) ——机械加工、金属切削和冷拔过程产生的废乳化剂 ——清洗油罐、油件过程中产生的油水、烃水混合物 ——来自于(乳化液)水压机定期更换的乳化废液	废皂液、乳化油/水、烃/水混合物、乳化液(膏)、切削剂、冷却剂、润滑剂、拔丝剂
HW10	含多氯联苯废物	含有或沾染多氯联苯(PCBs),多氯三联苯(PCTs)、多溴联苯(PBBs)的废物质和废物品 ——过剩的、废弃的、封存的、待替换的含有 PCBs、PBBs 和 PCTs 的电力设备(电容器、变压器) ——从含有 PCBs、PBBs 或 PCTs 的电力设备中倾倒出的介质油、绝缘油、冷却油及传热油 ——来自含有 PCBs,PBBs 和 PCTs 或这些物质污染的电力设备的拆装过程中的清洗液 ——被 PCBs,PBBs 和 PCTs 污染的土壤及包装物	含多氯联苯(PCBs),多溴联苯(PBBs)、多氯三联苯(PCTs)废物
HW11	精(蒸)馏残渣	从精炼、蒸馏和任何热解处理中产生的废焦油状留物 ——煤气生产过程中产生的焦油渣 ——原油蒸馏过程中产生的焦油残余物 ——原油精制过程中产生的沥青状焦油及酸焦油 ——化学品生产过程中产生的蒸馏残渣和蒸馏釜底物 ——化学品原科生产的热解过程中产生的焦油状残余物 ——被工业生产过程中产生的焦油或蒸馏残余物所污染的土壤 ——盛装过焦油状残余物的包装和容器	沥青渣,焦油渣,废酸焦油,酚渣,蒸馏釜残物,精馏釜残物,甲苯渣,液化石油气残液(含苯并[a]芘、䓛、萘、莹蒽、多环芳烃类废物)
HW12	染料、涂料废物	从油墨、染料、颜料、油漆、真漆、罩光漆的生产配制和使用过程中产生的废物 ——生产过程中产生的废弃的颜料、染料、涂料和不合格产品 ——染料、颜料生产硝化、氧化、还原、磺化、重氮化、卤化等化学反应中产生的母液、残渣、中间体废物 ——油漆、油墨生产、配制和使用过程中产生的含颜料、油墨的有机溶剂废物 ——使用酸、碱或有机溶剂清洗容器设备产生的污泥状剥离物 ——含有染料、颜料、油墨、油漆残余物的废弃包装物 ——废水处理污泥	废酸性染料、碱性染料、媒染染料、偶氮染料、直接染料、冰染染料、还原染料、硫化染料、活性染料、醇酸树脂涂料、丙烯酸树脂涂料、聚氨酯树脂涂料、聚乙烯树脂涂料、环氧树脂涂料、双组分涂料、油墨、重金属颜料

续表

编号	废物类别	废物来源	常见危害组分或废物名称
HW13	有机树脂类废物	从树脂、胶乳、增塑剂、胶水/胶合剂的生产、配制和使用过程中产生的废物 ——生产、配制、使用过程中产生不合格产品、废副产物 ——在合成、酯化、缩合等反应中产生的废催化剂、高浓度废液 ——精馏、分离、精制过程中产生的釜残液、过滤介质和残渣 ——使用溶剂或酸、碱清洗容器设备剥离下的树脂状、黏稠杂物 ——废水处理污泥	含邻苯二甲酸酯类,脂肪酸二元酸酯类,磷酸酯类,环氧化合物类,偏苯三甲酸酯类,聚酯类,氯化石蜡,二元醇和多元醇酯类,磺酸衍生物的废物
HW14	新化学品废物	从研究和开发或教学活动中产生的尚未鉴定的和(或)新的并对人类和(或)环境的影响未明的化学废物	新化学品研制中产生的废物
HW15	爆炸性废物	在生产、销售、使用爆炸物品过程中产生的次品、废品及具有爆炸性质的废物 ——不稳定,在无爆震时容易发生剧烈变化的废物 ——能和水形成爆炸性混合物 ——经过发热、吸湿、自发的化学变化具有着火倾向的废物 ——在有引发源或加热时能爆震或爆炸的废物	含叠氯乙酰,硝酸乙酰酯,叠氮铵,氯酸铵,六硝基高钴酸铵,硝酸铵,氮化铵,过碘酸铵,高锰酸铵,苦味酸铵,四过氧铬酸铵,叠氮羰基胍,叠氮钡,氯化重氮苯,苯并三唑,亚硝基胍,硝化甘油,四硝基戊四醇,三硝基苯,聚乙烯硝酸酯,硝酸钾,叠氮化银,氮化银,三硝基苯间二酚银,四氮烯银,无烟火药,叠氮化钠,苦味酸钠,四硝基甲烷,四氮化四硒,四氮化四硫,四氮烯,氮化铊,二氮化三铅,二氮化三汞,三硝基苯,氯酸钾,雷汞,雷银,三硝基甲苯,三硝基间苯二酚的废物
HW16	感光材料废物	从摄影化学品、感光材料的生产、配制、使用中产生的废物 ——生产过程中产生的不合格产品和过期产品 ——生产过程中产生的残渣及废水污泥 ——出版社、报社、印刷厂、电影厂在使用和经营活动中产生的废显(定)影液、胶片及废相纸 ——社会照相部、冲洗部在使用和经营活动中产生的废显(定)影液、胶片及废相纸 ——医疗院所的X光和CT检查中产生的废显(定)影液及胶片	废显影液、定影液、正负胶片、像纸、感光原料及药品
HW17	表面处理废物废物	从金属和塑料表面处理过程中产生的 ——电镀行业的电镀槽渣、槽液及水处理污泥 ——金属和塑料表面酸(碱)洗、除油、除锈、洗涤工艺产生的腐蚀液、洗涤液和污泥 ——金属和塑料表面磷化、出光、化抛过程中产生的残渣(液)及污泥 ——镀层剥除过程中产生的废液及残渣	废电镀溶液,镀槽淤渣,电镀水处理污泥,表面处理酸碱渣,氧化槽渣,磷化渣,亚硝酸盐废渣
HW18	焚烧处置残渣	从工业废物处置作业中产生的残余物	焚烧处置残渣及灰尘

续表

编号	废物类别	废物来源	常见危害组分或废物名称
HW19	含金属羰基化合物废物	在金属羰基化合物制造以及使用过程中产生的含有羰基化合物成分的废物 ——精细化工产品生产 ——金属有机化合物的合成	金属羰基化合物(五羰基铁,八羰基二钴,羰基镍,三羰基钴,氢氧化四羰基钴)废物
HW20	含铍废物	含铍及其化合物的废物 ——稀有金属冶炼 ——铍化合物生产	含铍,硼氢化铍,溴化铍,氢氧化铍,碘化铍,碳酸铍,硝酸铍,氧化铍,硫酸铍,氟化铍,氯化铵,硫化铍的废物
HW21	含铬废物	含有六价铬化合物的废物 ——化工(铬化合物)生产 ——皮革加工(鞣革)业 ——金属、塑料电镀 ——酸性媒介染料染色 ——颜料生产与使用 ——金属铬冶炼(修合金)	含铬酸酐,(重)铬酸钾,(重)铬酸钠,铬酸,重铬酸,三氧化铬,铬酸锌,铬酸钾,铬酸钙,铬酸银,铬酸铅,铬酸钡的废物
HW22	含铜废物	含有铜化合物的废物 ——有色金属采选和冶炼 ——金属、塑料电镀 ——铜化合物生产	含溴化(亚)铜,氢氧化铜,硫酸(亚)铜,磺化(亚)铜,碳酸铜,硝酸铜,硫化铜,氟化铜,硫化(亚)铜,氯化(亚)铜,醋酸铜,氧化铜钾,磷酸铜,二水合氯化铜铵的废物
HW23	含锌废物	含有锌化合物的废物 ——有色金属采选及冶炼 ——金属、塑料电镀 ——颜料、油漆、橡胶加工 ——锌化合物生产 ——含锌电池制造业	含溴化锌,碘化锌,硝酸锌,硫酸锌,氟化锌,硫化锌,过氧化锌,高锰酸锌,醋酸锌,草酸锌,铬酸锌,溴酸锌,磷酸锌,焦磷酸锌,磷化锌的废物
HW24	含砷废物	含砷及砷化合物的废物 ——有色金属采选及冶炼 ——砷及其化合物的生产 ——石油化工 ——农药生产 ——染料和制革业	含砷,三氧化二砷,亚砷酐,五氧化二砷,五硫化二砷,硫化亚砷,砷化锌,乙酰基砷铜,砷化钙,砷化铁,砷化铜,砷化铅,砷化银,乙基二氯化砷,(亚)砷酸,三氟化砷,砷酸锌,砷酸铵,砷酸钙,砷酸铁,砷酸钠,砷酸汞,砷酸铅,砷酸镁,三氯化砷,二硫化砷,砷酸钾,砷化(三)氢的废物
HW25	含硒废物	含硒及硒化合物废物 ——有色金属冶炼及电解 ——硒化合物生产 ——颜料、橡胶、玻璃生产	含硒,二氧化硒,三氧化硒,四氟化硒,六氟化硒,二氯化二硒,四氯化硒,亚硒酸,硒化氢,硒化钠,(亚)硒酸钠,二硒化碳,硒化亚铁,亚硒酸钡,硒酸,二甲基硒的废物
HW26	含镉废物	含镉及其化合物废物 ——有色金属采选及冶炼 ——镉化合物生产 ——电池制造业 ——电镀行业	含镉,溴化镉,碘化镉,氢氧化镉,碳酸镉,硝酸镉,硫酸镉,硫化镉,氯化镉,氟化镉,醋酸镉,氧化镉,二甲基镉的废物

续表

编号	废物类别	废物来源	常见危害组分或废物名称
HW27	含锑废物	含锑及其化合物废物 ——有色金属冶炼 ——锑化合物生产和使用	含锑,二氧化二锑,亚锑酐,五氧化二锑,硫化亚锑,硫化锑,氟化亚锑,氟化锑,氯化(亚)锑,三氢化锑,锑酸钠,锑酸铅,乳酸锑,亚锑酸钠的废物
HW28	含碲废物	含碲及其化合物废物 ——有色金属冶炼及电解 ——碲化合物生产和使用	含碲,四溴化碲,四碘化碲,三氧化碲,六氟化碲,四氯化碲,亚碲酸,碲化氢,碲酸,二乙基碲,二甲基碲的废物
HW29	含汞废物	含汞及其化合物废物 ——化学工业含汞催化剂制造与使用 ——含汞电池制造业 ——汞冶炼及汞回收工业 ——有机汞和无机汞化合物生产 ——农药及制药业 ——荧光屏及汞灯制造及使用 ——含汞玻璃计器制造及使用 ——汞法烧碱生产产生的含汞盐泥	含汞,溴化(亚)汞,碘化(亚)汞,硝酸(亚)汞,氧化汞,硫酸(亚)汞,氯化(亚)汞,硫化汞,氯化乙基汞,氯化汞铵,氯化甲基汞,醋酸(亚)汞,二甲基汞,二乙基汞,氯化高汞的废物
HW30	含铊废物	含铊及其化合物废物 ——有色金属冶炼及农药生产 ——铊化合物生产及使用	含铊,溴化亚铊,氢氧化(亚)铊,碘化亚铊,硝酸亚铊,碳酸亚铊,硫酸亚铊,氟化亚铊,硫化亚铊,三氧化二铊,三硫化二铊,氟化亚铊,氯化(亚)铊,铬酸铊,氯酸铊,醋酸铊的废物
HW31	含铅废物	含铅及其化合物废物 ——铅冶炼及电解过程中的残渣及铅尘 ——铅(酸)蓄电池生产中产生的废铅渣及铅酸(污泥) ——报废的铅蓄电池 ——铅铸造业及制品业的废铅渣及水处理污泥 ——铅化合物制造和使用过程中产生的废物	含铅,乙酸铅,溴化铅,氢氧化铅,碘化铅,碳酸铅,硝酸铅,氧化铅,硫酸铅,铬酸铅,氯化铅,氟化铅,硫化铅,高氯酸铅,碱性硅酸铅,四烷基铅,四氧化铅,二氧化铅的废物
HW32	无机氟化物废物	含无机氟化物的废物(不包括氟化钙、氟化镁)	含氟化铊,氟硼酸,氟硅酸锌,氢氟酸,氟硅酸,六氟化硫,氟化钠,五氟化硫,二氟磷,氟硫酸,氟硼酸铵,氟硅酸铵,氟化铵,氟化钾,氟化铬,五氟化碘,氟氢化钾,氟氢化钠,氟硅酸钠的废物
HW33	无机氰化物废物	从无机氰化物生产、使用过程中产生的含无机氰化物的废物(不包括HW07类热处理含氰废物) ——金属制品业的电解除油、表面硬化化学工艺中产生的含氰废物 ——电镀业和电子零件制造业中电镀工艺、镀层剥除工艺中产生的含氰废物 ——金矿开采与筛选过程中产生的含氰废物 ——首饰加工的化学抛光工艺产生的含氰废物 ——其他生产、实验、化验分析过程中产生的含氰废物及包装物	含氢氰酸,氰化钠,氰化钾,氰化锂,氰化汞,氰化铅,氰化铜,氰化锌,氰化钡,氰化钙,氰化亚铜,氰化银,氰溶体,汞氰化钾,氰化镍,铜氰化钠,铜氰化钾,镍氰化钾,溴氰化钾,氰化钴的废物

续表

编号	废物类别	废物来源	常见危害组分或废物名称
HW34	废酸	从工业生产、配制、使用过程中产生的废酸液、固态酸及酸渣(pH<2的液态酸) ——工业化学品制造 ——化学分析及测试 ——金属及其他制品的酸蚀、出光、除锈(油)及清洗 ——废水处理 ——纺织印染前处理	废硫酸、硝酸、盐酸、磷酸、(次)氯酸、溴酸、氢氟酸、氢溴酸、硼酸、砷酸、硒酸、氰酸、氯磺酸、碘酸、王水
HW35	废碱	从工业生产、配制使用过程中产生的废碱液、固态碱及碱渣(pU>12.5的液态碱) ——工业化学品制造 ——化学分析及测试 ——金属及其他制品的碱蚀、出光、除锈(油)及清洗 ——废水处理 ——纺织印染前处理 ——造纸废液	废氢氧化钠、氢氧化钾、氢氧化钙、氢氧化锂、碳酸(氢)钠、碳酸(氢)钾、硼砂、(次)氯酸钠、(次)氯酸钾、(次)氯酸钙、磷酸钠石棉尘,石棉
HW36	石棉废物	从生产和使用过程中产生的石棉废物 ——石棉矿开采及其石棉产品加工 ——石棉建材生产 ——含石棉设施的保养(石棉隔膜,热绝缘体等) ——车辆制动器衬片的生产与更换	废纤维,废石棉绒,石棉隔热废料,石棉尾矿渣
HW37	有机磷化合物废物	从农药以外其他有机磷化合物生产、配制和使用过程中产生的含有机磷废物 ——生产过程中产生的反应残余物 ——生产过程中过滤物、催化剂(包括载体)及废弃的吸附剂 ——废水处理污泥 ——配制,使用过程中的过剩物、残渣及其包装物	含氯硫磷,硫磷嗪,磷酰胺,丙基磷酸四乙酯,四磷酸六乙酯,硝基硫磷酯,苯腈磷酯,磷酰酯类化合物,苯硫磷,异丙磷,三氯氧磷,磷酸三丁酯的废物
HW38	有机氰化物废物	从生产、配制和使用过程中产生的含有机氰化物的废物 ——在合成、缩合等反应中产生的高浓度废液及反应残余物 ——在催化、精馏、过滤过程中产生的废催化剂、釜残及过滤介质物 ——生产、配制过程中产生的不合格产品 ——废水处理污泥	含乙腈,丙烯腈,己二腈,氨丙腈,氯丙烯腈,氰基乙酸,氰基氯戊烷,乙醇腈,丙腈,四甲基琥珀腈,溴苯甲腈,苯腈,乳酸腈,丙酮腈,丁基腈,苯基异丙酸酯,氰酸酯类的废物
HW39	含酚废物	酚、酚化合物的废物(包括氯酚类和硝基酚类) ——生产过程中产生的高浓度废液及反应残余物 ——生产过程中产生的吸附过滤物,废催化剂,精馏釜残液(包括石油、化工、煤气生产中产生的含酚类化合物废物)	含氨基苯酚,溴酚,氯甲苯酚,煤焦油,二氟酚,二硝基苯酚,对苯二酚,三羟基苯,五氯酚(钠),硝基苯酚,三氯酚,氯酚,甲酚,硝基苯甲酚,苦味酸,二硝基苯酚钠,苯酚胺的废物

编号	废物类别	废物来源	常见危害组分或废物名称
HW40	含醚废物	从生产、配制和使用过程中产生的含醚废物 ——生产、配制过程中产生的醚类残液、反应残余物、水处理污泥及过滤渣 ——配制、使用过程中产生的含醚类有机混合溶剂	含苯甲醚,乙二醇单丁醚,甲乙醚,丙烯醚,二氯乙醚,苯乙基醚,二苯醚,二氧基乙醇乙醚,乙二醇甲基醚,乙二醇醚,异丙醚,二氯二甲醚,甲基氯甲醚,丙醚,四氯丙醚,三硝基苯甲醚,乙二醇二乙醚,亚乙基二醇丁基醚,二甲醚,丙烯基苯基醚,甲基丙基醚,乙二醇异丙醚,乙二醇苯醚,乙二醇戊基醚,氯甲基醚,丁醚,乙醚,二甘醇二乙基醚,乙二醇二甲醚,乙二醇单乙醚的废物
HW41	废卤化有机溶剂	从卤化有机溶剂生产、配制、使用过程中产生的废溶剂 ——生产、配制过程中产生的高浓度残液、吸附过滤物、反应残渣、水处理污泥及废载体 ——生产、配制过程中产生的报废产品 ——生产、配制、使用过程中产生的废物卤化有机溶剂。包括化学分析,塑料橡胶制品制造,电子零件清洗、化工产品制造、印染涂料调配、商业干洗、家庭装饰使用的废溶剂	含二氯甲烷,氯仿,四氯化碳,二氯乙烷,二氯乙烯,氯苯,二氯二氟甲烷,溴仿,二氯丁烷,三氯苯,二氯丙烷,二溴乙烷,四氯乙烷,三氯乙烷,三氯乙烯,三氯三氟乙烷,四氯乙烯,五氯乙烷,溴乙烷,溴苯,三氯氟甲烷的废物
HW42	废有机溶剂	从有机溶剂的生产、配制和使用中产生的其他废有机溶剂(不包括HW41类的卤化有机溶剂) ——生产、配制和使用过程中产生的废溶剂和残余物。包括化学分析,塑料橡胶制品制造,电子零件清洗、化工产品制造、印染染料调配,商业干洗和家庭装饰使用过的废溶剂	含糠醛,环己烷,石脑油,苯,甲苯,二甲苯,四氢呋喃,乙酸丁酯,乙酸甲酯,硝基苯,甲基异丁基酮,环己酮,二乙基酮,乙酸异丁酯,丙烯醛二聚物,异丙醇,乙二醇,甲醇,苯乙酮,异戊烷,环戊酮,环戊醇,丙醛,二丙基酮,苯甲酸乙酯,丁酸,丁酸乙酯,丁酸甲酯,异丙醇,N,N-二甲基乙酰胺,甲醛,二乙基酮,丙烯醛,乙醛,乙酸乙酯,丙酮,甲基乙基酮,甲基乙烯酮,甲基丁酮,甲基丁醇,苯甲醇的废物
HW43	含多氯苯并呋喃类废物	含任何多氯苯同系物的苯并呋喃类废物	多氯苯并呋喃同系物废物
HW44	含多氯苯并二噁英废物	含任何多氯苯并二噁英同系物的废物	多氯苯并二噁英同系物废物
HW45	含有机卤化物废物	从其他有机卤化物的生产、配制、使用过程中产生的废物(不包括上述HW39,HW41,HW42,HW43,HW44类别的废物) ——生产、配制过程中产生的高浓度残液、吸附过滤物、反应残渣、水处理污泥及废催化剂、废产品 ——生产、配制过程中产生的报废产品 ——化学分析、塑料橡胶制品制造、电子零件清洗、化工产品制造、印染染料调配、商业、家庭使用产生的卤化有机废物	含苄基氯,苯甲酰氯,三氯乙醛,1-氯辛烷,氯代二硝基苯,氯乙酸,氯硝基苯,2-氯丙酸,3-氯丙烯酸,氯甲苯胺,乙酰溴,乙酰氯,二溴甲烷,苄基溴,1-溴-2-氯乙烷,二氯乙酰甲酯,氟乙酰胺,二氯萘醌,二氯醋酸,二溴氯丙烷,溴萘酚,碘代甲烷,2,4,5-三氯苯酚,三氯阢,1,4-二氯丁烷,2,4,6-三溴苯酚,二氯丁胺,1-氨基-4溴蒽醌-2-磺酸的废物

编号	废物类别	废物来源	常见危害组分或废物名称
HW46	含镍废物	含镍化合物的废物 ——镍化合物生产过程中产生的反应残余物及废品 ——使用报废的镍催化剂 ——电镀工艺中产生的镍残渣及槽液 ——分析、化验、测试过程中产生的含镍废物	含溴化镍,硝酸镍,硫酸镍,氯化镍,一硫化镍,一氧化镍,氧化镍,氢氧化镍,氢氧化高镍的废物
HW47	含钡废物	含钡化合物的废物(不包括硫酸钡) ——钡化合物生产过程中产生的反应残余物及其废品 ——热处理工艺中的盐浴渣 ——分析、化验、测试中产生的含钡废物	含溴酸钡,氢氧化钡,硝酸钡,碳酸钡,氯化钡,氟化钡,硫化钡,氧化钡,氟硅酸钡,氰酸钡,醋酸钡,过氧化钡,碘酸钡,叠氮钡,多硫化钡的废物

附录三　危险货物品名表（GB 12268—2012）

1. 范围

本标准规定了危险货物品名表的一般规定和结构，以及危险货物的编号、名称和说明、英文名称、类别和项别、次要危险性及包装类别等内容。

本标准适用于危险货物运输、储存、生产、经营、使用和处置。

2. 规范性引用文件

下列文件中的条款通过本标准的引用而成为本标准的条款。凡是注日期的引用文件，其随后所有的修改单（不包括勘误的内容）或修订版均不适用于本标准，然而，鼓励根据本标准达成协议的各方研究是否可使用这些文件的最新版本。凡是不注日期的引用文件，其最新版本适用于本标准。

GB 6944　危险货物分类和品名编号

3. 术语和定义

GB 6944 确立的术语和定义适用于本标准

4. 一般规定

4.1　危险期货物的危险性按照 GB 6944 分为 9 类。有些类别再分成项别，这些类别和项别分别如下，判据见 GB 6944。

第 1 类：爆炸品

第 1.1 项：有整体爆炸危险的物质和物品；

第 1.2 项：有迸射危险，但无整体爆炸的物质和物品；

第 1.3 项：有燃烧危险并有局部爆炸危险或局部迸射危险或这两种危险都有，但无整体爆炸危险的物质和物品；

第 1.4 项：不呈现重大危险的物质和物品

第 1.5 项：有整体爆炸危险的非常不敏感物质；

第 1.6 项：无整体爆炸危险的极端不敏感物品。

第 2 类：气体

第 2.1 项：易燃气体；

第2.2项：非易燃无毒气体；

第2.3项：毒性气体。

第3类：易燃液体

第4类：易燃固体、易于自燃的物质、遇水放出易燃气体的物质

第4.1项：易燃固体；

第4.2项：易于自燃的物质；

第4.3项：遇水放出易燃气体的物质。

第5类：氧化性物质和有机过氧化物

第5.1氧化性物质

第5.2项：有机过氧化物。

第6类：毒性物质和感染性物质

第6.1项：毒性物质；

第6.2项：感染性物质。

第7类：放射性物质

第8类：腐蚀性物质

第9类：杂项危险物质和物品

4.2 除第1类、第2类、第7类、第5.2项和第6.2项物质以及4.1项自反应物质，需要包装的危险货物按其具有的危险程度划分为三个包装类别：

——Ⅰ类包装：具有高度危险性的物质；

——Ⅱ类包装：具有中等危险性的物质；

——Ⅲ类包装：具有轻度危险性的物质。

4.3 第1类危险物质按其危险性类型划分为6个项目和13个配装组。可以相容的爆炸性物质或物品列为一个配装组。配装组划分方法、爆炸品危险性项别与配装组的组合见附录A。

4.4 凡具有一种以上危险性的危险货物的主要危险性按附录B确定。

4.5 危险货物应按照品名表中适合该物质或物品的名称标识。

4.6 未列出具体名称的危险货物，使用"类属""或未别列明的"的条目标识，应在其危险性质确定后方可运输、储存、生产、经营、使用和处置。

4.7 危险货物品名表的每个条目都对应一个编号。危险货物品名表的条目包括以下四类：

(a)"单一"条目适用于意义明确的物质或物品；

示例　1114 苯

　　　1160 二甲胺水溶液

(b)"类属"条目适用于意义明确的一组物质或物品

示例　1133　黏合剂，含易燃液体

　　　1266　香料制品，含油易燃溶剂

　　　2761　固态有机氯农药，毒性

　　　3109　液态F型有机过氧化物

(c)"未另列的"特定条目适用于一组具有某一特定化学性质或特定技术性质的物质或物品；

示例　1481　无机高氯酸盐，未另列明的
　　　　3272　酯类，未另列明的

（d）"未另列明的"一般条目适用于一组符合一个或多个类别的标准的物质或物品。

示例　3178　无机易燃固体，未另列明的
　　　　1993　易燃液体，未另列明的

4.8 危险货物的危险性与货物固有的不稳定性有关。对大多数危险货物来说，这种不稳定性能够通过正确的包装、稀释、稳定、添加抑制剂、冷冻或其他预防措施加以控制。

5. 危险货物品名表结构

危险货物品名表分为 7 栏：

第 1 栏"编号"——采用联合国编号；

第 2 栏"名称和说明"——危险货物的中文正式名称，用黑体字（加上构成名称一部分数字希腊字母、另、特、间、正、邻、对等）表示；也可附加中文说明，用宋体字表示〔其中"％"符号代表：(a) 如果是固体或液体混合物以及溶液和用液体湿润的固体，为根据混合物、溶液或湿润固体的总质量计算的质量分数，单位为 10^{-2}；(b) 如果是是压缩气体混合物，按压力装载时，用占气体混合物总体积的体积分数表示，单位为 10^{-2}；或按质量装载时，用占混合物总质量的质量分数表示，单位为 10^{-2}；(c) 如果是液化气体混合物和加压溶解的气体，用占混合物总质量的质量分数表示，单位为 10^{-2}〕；

第 3 栏"英文名称"——危险货物的英文正式名称，用大写字母表示；附加说明用小写字母表示（本复件略）；

第 4 栏"类别或项别"——危险货物的主要危险性，按 GB 6944 确定；其中第 1 类危险货物还包括其所属的配装组，配装组的划分按附录 A 确定；

第 5 栏"次要危险性"——除主要危险性以外的其他危险性，按 GB 6944 确定；

第 6 栏"包装类别"——按照联合国包装类别给危险货物划定的类别号码，用Ⅰ、Ⅱ、Ⅲ表示；

第 7 栏"备注"——原 GB 12268—90 中的编号。

6. 危险货物品名表（略）

附录四　危险化学品重大危险源辨识（GB 18218—2014）

1　范围

本标准规定了辨识危险化学品重大危险源的依据和方法。

本标准适用于危险化学品的生产、使用、贮存和经营等各企业或组织。

本标准不适用于：

a) 核设施和加工放射性物质的工厂，但这些设施和工厂中处理非放射性物质的部门除外；

b) 军事设施；

c) 采矿业，但涉及危险化学品的加工工艺及贮存活动除外；

d) 危险化学品的运输；

e) 海上石油天然气开采活动。

2 规范性引用文件

下列文件中的条款通过本标准的引用而成为本标准的条款。凡是注日期的引用文件,其随后所有的修改单(不包括勘误的内容)或修订版均不适用于本标准,然而,鼓励根据本标准达成协议的各方研究是否可使用这些文件的最新版本。凡是不注日期的引用文件,其最新版本适用于本标准。

GB 12268 危险货物品名表

GB 20592 化学品分类、警示标签和警示性说明安全规范 急性毒性

3 术语和定义

下列术语和定义适用于本标准。

3.1 危险化学品

具有易燃、易爆、有毒、有害等特性,会对人员、设施、环境造成伤害或损害的化学品。

3.2 单元

一个(套)生产装置、设施或场所,或同属一个生产经营单位的且边缘距离小于500m的几个(套)生产装置、设施或场所。

3.3 临界量

对于某种或某类危险化学品规定的数量,若单元中的危险化学品数量等于或超过该数量,则该单元定为重大危险源。

3.4 危险化学品重大危险源

长期地或临时地生产、加工、使用或贮存危险化学品,且危险化学品的数量等于或超过临界量的单元。

4 危险化学品重大危险源辨识

4.1 辨识依据

4.1.1 危险化学品重大危险源的辨识依据是危险化学品的危险特性及其数量,具体见表1和表2。

4.1.2 危险化学品临界量的确定方法如下:

a) 在表1范围内的危险化学品,其临界量按表1确定;

b) 未在表1范围内的危险化学品,依据其危险性,按表2确定临界量;若一种危险化学品具有多种危险性,按其中最低的临界量确定。

表1 危险化学品名称及其临界量

序号	类别	危险化学品名称和说明	临界量/t
1	爆炸品	叠氮化钡	0.5
2		叠氮化铅	0.5
3		雷酸汞	0.5
4		三硝基苯甲醚	5
5		三硝基甲苯	5
6		硝化甘油	1
7		硝化纤维素	10
8		硝酸铵(含可燃物>0.2%)	5

续表

序号	类别	危险化学品名称和说明	临界量/t
9	易燃气体	丁二烯	5
10		二甲醚	50
11		甲烷,天然气	50
12		氯乙烯	50
13		氢	5
14		液化石油气(含丙烷、丁烷及其混合物)	50
15		一甲胺	5
16		乙炔	1
17		乙烯	50
18	毒性气体	氨	10
19		二氟化氧	1
20		二氧化氮	1
21		二氧化硫	20
22		氟	1
23		光气	0.3
24		环氧乙烷	10
25		甲醛(含量≥90%)	5
26		磷化氢	1
27		硫化氢	5
28		氯化氢	20
29		氯	5
30		煤气(CO,CO 和 H_2、CH_4 的混合物等)	20
31		砷化三氢(胂)	12
32		锑化氢	1
33		硒化氢	1
34		溴甲烷	10
35	易燃液体	苯	50
36		苯乙烯	500
37		丙酮	500
38		丙烯腈	50
39		二硫化碳	50
40		环己烷	500
41		环氧丙烷	10
42		甲苯	500
43		甲醇	500
44		汽油	200
45		乙醇	500
46		乙醚	10
47		乙酸乙酯	500
48		正己烷	500

续表

序号	类别	危险化学品名称和说明	临界量/t
49	易于自燃的物质	黄磷	50
50		烷基铝	1
51		戊硼烷	1
52	遇水放出易燃气体的物质	电石	100
53		钾	1
54		钠	10
55	氧化性物质	发烟硫酸	100
56		过氧化钾	20
57		过氧化钠	20
58		氯酸钾	100
59		氯酸钠	100
60		硝酸(发红烟的)	20
61		硝酸(发红烟的除外,含硝酸≥70%)	100
62		硝酸铵(含可燃物≤0.2%)	300
63		硝酸铵基化肥	1000
64	有机过氧化物	过氧乙酸(含量≥60%)	10
65		过氧化甲乙酮(含量≥60%)	10
66	毒性物质	丙酮合氰化氢	20
67		丙烯醛	20
68		氟化氢	1
69		环氧氯丙烷(3-氯-1,2-环氧丙烷)	20
70		环氧溴丙烷(表溴醇)	20
71		甲苯二异氰酸酯	100
72		氯化硫	1
73		氰化氢	1
74		三氧化硫	75
75		烯丙胺	20
76		溴	20
77		亚乙基亚胺	20
78		异氰酸甲酯	0.75

表2 未在表1中列举的危险化学品类别及其临界量

类别	危险性分类及说明	临界量/t
爆炸品	1.1A项爆炸品	1
	除1.1A项外的其他1.1项爆炸品	10
	除1.1项外的其他爆炸品	50

续表

类别	危险性分类及说明	临界量/t
气体	易燃气体：危险性属于2.1项的气体	10
	氧化性气体：危险性属于2.2项非易燃无毒气体且次要危险性为5类的气体	200
	剧毒气体：危险性属于2.3项且急性毒性为类别1的毒性气体	5
	有毒气体：危险性属于2.3项的其他毒性气体	50
易燃液体	极易燃液体：沸点≤35℃且闪点<0℃的液体；或保存温度一直在其沸点以上的易燃液体	10
	高度易燃液体：闪点<23℃的液体（不包括极易燃液体）；液态退敏爆炸品	1000
	易燃液体：23℃≤闪点≤61℃的液体	5000
易燃固体	危险性属于4.1项包装为Ⅰ类的物质	200
易于自燃的物质	危险性属于4.2项包装为Ⅰ或Ⅱ类的物质	200
遇水放出易燃气体的物质	危险性属于4.3项且包装为Ⅰ或Ⅱ类的物质	200
氧化性物质	危险性属于5.1项包装为Ⅰ类的物质	50
	危险性属于5.1项包装为Ⅱ或Ⅲ类的物质	200
有机过氧化物	危险性属于5.2项的物质	50
毒性物质	危险性属于6.1项且急性毒性为类别1的物质	50
	危险性属于6.1项且急性毒性为类别2的物质	500

注：以上危险化学品危险性类别及包装类别依据GB 12268确定，急性毒性类别依据GB 20592确定。

4.2 重大危险源的辨识指标

单元内存在危险化学品的数量等于或超过表1、表2规定的临界量，即被定为重大危险源。单元内存在的危险化学品的数量根据处理危险化学品种类的多少区分为以下两种情况：

4.2.1 单元内存在的危险化学品为单一品种，则该危险化学品的数量即为单元内危险化学品的总量，若等于或超过相应的临界量，则定为重大危险源。

4.2.2 单元内存在的危险化学品为多品种时，则按下式计算，若满足该式，则定为重大危险源：

$$q_1/Q_1 + q_2/Q_2 + \cdots + q_n/Q_n \geq 1$$

式中 $q_1, q_2, \cdots, q_n$ ——每种危险化学品实际存在量，t；

$Q_1, Q_2, \cdots, Q_n$ ——与各危险化学品相对应的临界量，t。

参考文献

[1] 姜淑敏. 化学实验基本操作技术. 北京：化学工业出版社，2008.
[2] 马桂铭. 化验室组织与管理. 第3版. 北京：化学工业出版社，2013.
[3] 凌昌都. 化学检验工（中级）. 北京：机械工业出版社，2006.
[4] GB 15603—1995 常用化学危险品贮存通则.
[5] GB 4793.1—2007 测量、控制和实验室用电气设备的安全要求.
[6] 中国消防协会. 建（构）筑物消防员. 北京：中国科学技术出版社，2013.
[7] 中国消防协会. 灭火救援员. 北京：中国科学技术出版社，2013.
[8] GB 2894—2008 安全标志.
[9] GB 6944—2012 危险货物分类和品名编号.
[10] GB 11806—2004 放射性物质安全运输规程.